지난 줄거리

'맞춤법 천재라면 선발 대회'를 앞두고 매운맛 라면과 순한맛 라면이 손을 잡는다.
똑똑한 완벽주의자 매운맛과 느긋한 평화주의자 순한맛, 성격이 정반대인
두 라면은 함께 공부하며 우여곡절 끝에 마침내 결선에 오른다.
하지만 편의점 팀과의 접전은 무승부로 끝이 나고, 한 달 뒤 어휘력 대결에서
최종 우승 팀을 가리기로 하는데….

글 박정란, 서재인 | 그림 김기수 | 펜터치 원고

펴낸날 2025년 9월 5일 초판 1쇄, 2025년 9월 25일 3쇄

펴낸이 위혜정 | 기획·편집 스토리콘 | 디자인 포도, 권빈

펴낸곳 따끈따끈책방㈜ | 주소 서울특별시 마포구 양화로186 LC타워 604호

전화 070-8210-0523 | 팩스 02-6455-8386 | 메일 chucreambook@naver.com

출판등록 제2023-000176호

ⓒ 박정란, 서재인, 김기수 2025
저작권자의 동의 없이 무단 복제 및 전재를 금합니다.

ISBN 979-11-989487-7-9 77700

※ 잘못된 책은 구입처에서 바꾸어 드립니다. ※ 값은 뒤표지에 있습니다.
※ KC마크는 이 제품이 공통안전기준에 적합하였음을 의미합니다.

| |어린이제품 안전특별법에 의한 표시사항| 제품명 도서 제조년월일 2025년 9월 25일 |
| 제조사명 따끈따끈책방㈜ 주소 서울특별시 마포구 양화로186 LC타워 604호 전화번호 070-8210-0523 |
| 제조국명 대한민국 사용 연령 6세 이상 ▲주의 책 모서리에 찍히거나 책장에 베이지 않게 조심하세요. |

instagram.com/chucreambook
슈크림북은 따끈따끈책방㈜의 아동 출판 브랜드입니다.

글 박정란 서재인
그림 김기수

속담 관용어 고사성어 천재 라면

세기의 어휘력 대결!

라면 팀 vs 편의점 팀

슈크림북

이 책에 들어가기 전에

속담·관용어·고사성어 속 어휘와 표현 배우기!

속담·관용어·고사성어의 차이를 알고 있나요? 속담은 예로부터 전해 내려오는 지혜와 교훈을 간결하게 표현한 글을 말합니다. 관용어는 그 단어들의 의미만으로는 전체의 의미를 알 수 없는, 특수한 의미를 나타내는 말을 뜻하지요. 예를 들어, '손이 크다'는 진짜 손이 큰 경우를 말하기도 하지만 '씀씀이가 후하고 크다'는 의미를 가진 관용어이기도 합니다. 끝으로 고사성어는 옛이야기(故事)에서 유래한, 보통 한자로 이루어진 함축적인 표현을 가리킵니다.

이번엔 속담·관용어·고사성어의 공통점을 살펴볼까요? 이들은 모두 오랜 시간 많은 사람들이 사용해 왔으며, 삶의 지혜와 경험을 담은 짧은 글로 이루어져 있습니다. 간결하면서도 깊은 뜻을 담기 위해 다른 사물이나 상황에 빗대는 표현을 많이 사용하였지요. 어휘가 가진 표면적인 뜻만 알아서는 속담·관용어·고사성어의 참뜻을 이해하기 어렵다는 말입니다.

우리가 속담·관용어·고사성어를 공부하는 이유가 바로 여기에 있습니다. 속담·관용어·고사성어를 익히다 보면 그 안에 담긴 문화와 역사, 가치를 이해하게 되고 깊이 있는 소통이 가능해집니다. 자연스럽게 새로운 어휘를 익히고 문맥을 이해하는 힘이 길러집니다. 나아가 자신의 생각이나 감정을 더 효과적으로 풍부하게 표현할 수 있게 됩니다.

특히 이 책의 가장 큰 특징은 서양의 고사에서 유래한 어휘까지 담았다는 점입니다. 서양의 역사적 사건이나 그리스·로마 신화, 문학 작품 등에서 비롯된 비유적인 표현들을 함께 소개함으로써, 세계화 시대에 걸맞은 교양 상식을 갖추도록 합니다. 일상생활에서 자주 사용하는 '유레카', '판도라의 상자', '트로이 목마'와 같은 서양 고사 어휘들의 의미와 유래를 쉽고 재미있게 설명하여 학습이나 대화를 할 때, 이해와 소통에 어려움이 없도록 도와주지요.

입체적인 캐릭터, 체계적인 구성, 흥미진진한 스토리로 속담·관용어·고사성어·서양 고사 어휘 226개 완전 마스터!

"내가 ~라면?", "만약 ~라면?" 상상을 현실로 만드는 매력 통통 라면 친구들! 첫 번째 맞춤법 대결이 무승부로 끝나자 이번에는 '천재라면' 타이틀을 두고 어휘력·표현력 대결을 펼칩니다. 문제 출제 범위는 속담·관용어·고사성어·서양 고사 어휘!

'천재라면'을 향한 라면 팀과 편의점 팀의 불꽃 대결을 통해 속담·관용어·고사성어·서양 고사 어휘를 체계적으로 배워 볼까요? 보기 좋게 사전처럼 구성한 별책 부록을 통해 언제 어디서나 어휘와 표현 226개를 재미있게 공부할 수 있답니다.

캐릭터 소개

매운맛

- **성격** 무엇이든 1등을 해야 직성이 풀리는 완벽주의자!
- **좋아하는 것** 계획 세우기, 그리고 그 계획 지키기!
- **특징** 그라데이션 분노.

 → →

매운맛 → 더 매운맛 → 죽을 맛

순한맛

- **성격** 좋게 말하면 순둥순둥, 나쁘게 말하면 흐리멍덩한 구석이 있다. 촉촉한 눈망울이 포인트!
- **좋아하는 것** 낮잠, 아무것도 안 하기, 칭찬.
- **특징** 매운맛과 함께라면 어떤 공부도 두렵지 않은 성장형 캐릭터.

컵라면

- **취미/특기** 3분 맞추기.
- **특징** 라면들만 출전하는 맞춤법 대회에 '편의점 원플원(1+1)'이라는 꼼수를 이용해 삼각 김밥을 끌어들인다.

삼각 김밥

- **취미/특기** 전자레인지에서 몸 데우기.
- **특징** 남을 골탕 먹이는 일에 잔꾀를 잘 쓴다. 자주 하는 말은 "참지(치) 마…요."

짜장

어두운 곳에서는 잘 안 보인다. 그래서 "짜장(잔)!" 하고 나타나 놀라게 하는 걸 좋아한다.

부셔부셔

알고 보면 과자지만, 자신이 라면이라고 철석같이 믿고 있다. 거울을 보고 "눈이 너무 부셔! 부셔!" 하고 감탄하는 게 일상.

너굴

짜장과 단짝. 오동통 귀엽고 다정하다.

비빔이

새콤달콤 다양한 매력을 지녔다.

나라면 더먹으리 마을 사람들

김치 할아버지
마을의 최고 웃어른.

달걀이
반숙과 완숙을 왔다 갔다 하는 중2병 소녀.

파 삼촌
썰렁한 개그를 잘하는 이웃 삼촌.

차례

이 책에 들어가기 전에 4
캐릭터 소개 6

1화
콸콸 관용어 채우기
라면 팀의 승리할 결심!

비행기 태우다 12
첫 단추 끼우다 14
칼을 갈다 16
시치미 떼다 18
색안경 끼고 보다 20
뒤통수 맞다 22
도마 위에 오르다 24
마음 졸이다 26
귀가 얇다 28
엉덩이가 무겁다 30
손이 크다 32
발을 빼다 34
무릎을 맞대다 36
바가지 쓰다 38
꼬리를 밟다 40
간이 붓다 42
눈에 넣어도 아프지 않다 44
콧대 높다 46
죽도 밥도 안 되다 48
입을 다물다 50
한 젓가락 더! 52

2화
팔팔 속담 끓이기
편의점 팀의 뼈저린 반성

불난 집에 부채질한다 56
고래 싸움에 새우 등 터진다 58
낫 놓고 기역 자도 모른다 60
산 넘어 산 62
윗물이 맑아야 아랫물도 맑다 64
미운 아이 떡 하나 더 준다 66
천 리 길도 한 걸음부터 68
낮말은 새가 듣고 밤말은 쥐가 듣는다 70
바늘 도둑이 소도둑 된다 72
소 잃고 외양간 고친다 74
등잔 밑이 어둡다 76
지렁이도 밟으면 꿈틀한다 78
열 번 찍어 안 넘어가는 나무 없다 80
콩 심은 데 콩 나고, 팥 심은 데 팥 난다 82
내 코가 석 자 84
돌다리도 두들겨 보고 건너라 86
개구리 올챙이 적 생각 못 한다 88
가는 말이 고와야 오는 말이 곱다 90
티끌 모아 태산 92
하늘이 무너져도 솟아날 구멍이 있다 94
한 젓가락 더! 96

3화 솔솔 고사성어 뿌리기
라면 팀과 편의점 팀, 함께하다!

호시탐탐 100
좌우명 102
오십보백보 104
다다익선 106
난공불락 108
형설지공 110
백문이 불여일견 112
조삼모사 114
천고마비 116
계륵 118
설상가상 120
역지사지 122
마이동풍 124
새옹지마 126
일취월장 128
용두사미 130
화룡점정 132
대기만성 134
타산지석 136
감언이설 138
한 젓가락 더! 140

4화 톡톡 서양 고사 어휘 더하기
대결을 앞둔 라면 팀과 편의점 팀

멘토 144
아킬레스건 146
큐피드의 화살 148
콜럼버스의 달걀 150
내 사전에 불가능은 없다 152
시간은 돈이다 154
뜨거운 감자 156
악어의 눈물 158
유레카 160
트로이 목마 162
눈에는 눈, 이에는 이 164
미다스의 손 166
마녀사냥 168
판도라의 상자 170
백기를 들다 172
황금 알을 낳는 거위 174
이카로스의 날개 176
아는 것이 힘이다 178
다크호스 180
로마는 하루아침에 이루어지지 않았다 182
한 젓가락 더! 184

에필로그 186
한 젓가락 더! 정답 196
체크 체크 정답 197

아래 설명에 맞는 관용어 **체크 체크**!

자기가 한 일을 하지 않은 척할 때 쓰는 관용어.

☐ 시치미 붙이다. ☐ 시치미 떼다.

1화
콸콸 관용어 채우기

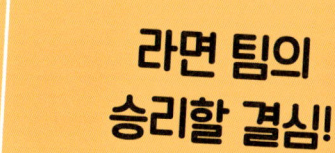

라면 팀의
승리할 결심!

얼른 공부하러 가자!
첫 단추를 잘 끼워야지!

엉덩이 가벼운 네가
웬일이야?
정말 칼을 빼 든 거야?

비행기 태우다

매운맛 강의 노트
비행기를 태운 것처럼 기분이 둥둥!

관용어는 둘 이상의 낱말이 합쳐져 본래의 뜻과는 다른 의미로 굳어진 말이야. 오랜 세월에 걸쳐 굳어진 말이라서, 뜻과 쓰임새를 함께 외우듯 익히는 것이 좋아. 상대방을 실제보다 지나치게 칭찬하거나 높이 추켜세울 때 **비행기 태우다**라고 말해. 마치 비행기를 타고 하늘로 붕 떠오르는 것처럼 기분을 들뜨게 만든다는 뜻에서 말이야.

첫 단추 끼우다

'함께라면 팀' 공부 계획표

1주	**관용어** 둘 이상의 낱말이 합쳐져 본래의 뜻과 다른 새로운 의미로 굳어진 말.	*제일 쉬우니까 처음!
2주	**속담** 예로부터 전해 내려오는 지혜와 교훈이 담긴 짧은 말.	*많이 들어 봤으니까 두 번째!
3주	**고사성어** 옛이야기(故事)에서 유래한, 한자로 이루어진 말.	*어려운 한자로 이루어져 있으니까 세 번째!
4주	**서양 고사 어휘** 서양의 옛이야기나 사건, 문학 작품 등에 바탕을 둔 어휘와 표현.	*제일 어려울 것 같으니까 마지막!

 **매운맛 강의 노트**
뭐든 잘하려면, 첫 단추를 잘 끼워야지!

첫 단추 끼우다는 새로운 일을 시작한다는 뜻이야. 단추가 많은 옷을 입었을 때, 맨 처음 하는 일이 첫 번째 단추를 끼우는 일이잖아.
이 말은 시작을 잘해야 한다는 의미도 있어. 첫 단추를 잘못 끼우면 옷 모양이 엉망이 돼서, 모든 단추를 다 풀고 다시 끼워야 하지? 이런 수고를 하지 않으려면 첫 단추를 잘 끼워야 한다고!
비슷한 관용어로 **첫발을 떼다**도 있어!

첫 단추를 끼웠으니, 이제 공부를 시작해 볼까!

칼을 갈다

순한맛 필기 노트

칼을 갈다: 어떤 일을 이루기 위해 독한 마음을 먹고 철저히 준비하다.

칼을 빼 들다: 어떤 일을 해결하려 하다.

말리지 마, 나 정말 칼을 갈았으니까!  정말로 칼을 빼 들지 지켜보겠어!

시치미 떼다

매운맛 강의 노트
시치미 뗄 이유가 없는데?

자기가 한 일을 하지 않은 척하거나, 알고 있는 것을 모른 척하는 행동을 가리켜 **시치미 떼다**라고 해.
우리나라에서는 아주 오래전부터 길들인 매로 꿩이나 토끼 등을 잡는 매사냥을 했어. 이때 주인을 나타내려고 매 꽁지에 이름과 주소를 적은 '시치미'를 달았지. 그런데 일부 사람들이 매를 훔치거나 잘못 찾아온 매를 돌려주지 않으려 시치미를 떼고 자기 매라고 우기는 경우가 있어서 이런 말이 생겨났다고 해.

방귀 뀌어 놓고
안 뀐 척 **시치미 떼는**
라면이 누구야?

🌼 색안경 끼고 보다

 매운맛 강의 노트
색안경을 끼고 보면 오해가 생길 수 있어!

색안경 끼고 보다는 한쪽으로 치우친 생각이나 마음을 가지고 좋지 않게 본다는 의미야. 색안경(선글라스)을 끼면 실제와 다른 색으로 보이지? 이처럼 색안경을 끼고 어떤 사람이나 사건을 바라보면 객관적이고 공정한 판단을 할 수 없게 돼. 따라서 어떤 대상을 편견 없이 있는 그대로 바라보는 태도를 가져야 올바르게 판단할 수 있어.

색안경 끼고 보지 말고,
제대로 봐 줘!

뒤통수 맞다

매운맛 강의 노트
뒤통수 맞으면 마음이 아파!

뒤통수 맞다는 믿었던 사람에게 배신당하거나 예상하지 못한 일을 당했을 때 쓰는 표현이야. 누구도 어떤 도구 없이는 자기 뒤쪽을 볼 수 없잖아? 전혀 예상하지 못한 상태에서 누군가에게 갑자기 뒤통수를 맞으면 매우 놀라고 당황할 수밖에 없지.
반대 표현도 있어. **뒤통수 때리다**는 내가 누군가를 배신해 믿음을 저버렸을 때 쓰는 관용어야!

나는 절대로
뒤통수 맞지 않을 거야!

도마 위에 오르다

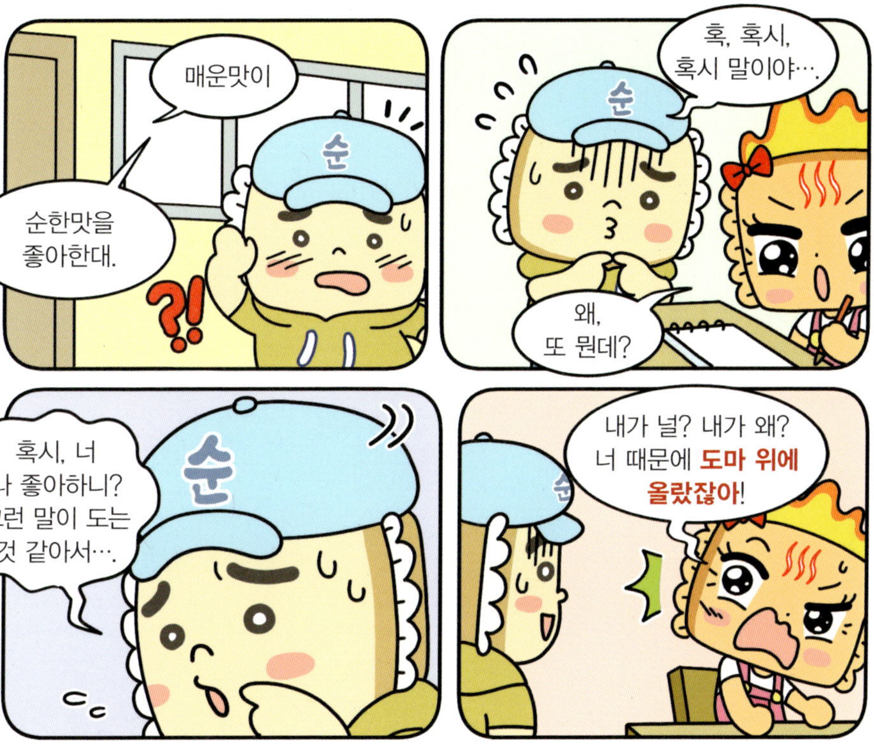

매운맛 강의 노트
도마 위에 올라도 이런 일로 오르다니!

도마 위에 오르다는 어떤 인물이나 사건이 비판의 대상이 되거나 문제의 중심에 서는 상황을 뜻해. 좋지 않은 일로 남의 입에 오르내릴 때 쓰지. 도마 위에 올라 꼼짝없이 손질되는 생선과 상황이 비슷해 이런 말이 생겼다고 해.

마음 졸이다

순한맛 필기 노트

마음 졸이다: 걱정하거나 불안해서 마음이 편하지 않다.

마음에 두다: 잊지 않고 마음속에 새겨 두다.

마음 졸였는데, 말하고 나니 속이 시원해!

누가 할 소리! 내가 편들어 준 그 일, 마음에 두기만 해 봐.

귀가 얇다

매운맛 강의 노트
그렇게 귀가 얇아서 어떡할래?

귀가 얇다는 남의 말을 쉽게 받아들인다는 뜻이야. 종이가 얇으면 약한 바람에도 팔랑팔랑 흔들리잖아? 그처럼 팔랑팔랑할 정도로 귀가 얇아서 다른 사람 말에 잘 넘어간다는 거지.
또 귀가 얇으면 이 말 저 말에 마음이 갈팡질팡해서 무언가를 제대로 결정하기 어렵기도 하고.

매운맛 강의 노트
공부를 잘하려면 엉덩이가 무거워야지!

엉덩이가 무겁다는 한번 자리를 잡고 앉으면 좀처럼 일어나지 않는다는 표현이야. 자리를 잘 떠나지 않고 끈기 있게 노력하는 사람을 칭찬할 때 쓰지. 그런데 행동이 느리고 게을러 움직이지 않을 때도 똑같은 말을 쓰니까 주의해야 해. 반대로 **엉덩이가 가볍다**는 한자리에 오래 머물지 못하고 금방 자리를 뜨는 사람이나 상황을 뜻해.

엉덩이 무겁게 꾸준히 공부하면 우승할 수 있겠지?

손이 크다

매운맛 강의 노트
진짜 손 말고 씀씀이를 뜻한다고!

실제로 손이 크다는 뜻이 아니야. 누군가의 씀씀이가 크고 후할 때 흔히 **손이 크다**고 하거든. 반대로 씀씀이가 작고 깐깐할 때는 **손이 작다**고 해. 이 밖에도 손과 관련된 관용어가 많아. **손을 떼다**는 하던 일을 그만둘 때, **손이 맵다**는 손으로 슬쩍 때려도 몹시 아플 때 쓰지.

발을 빼다

바가지 쓰다

매운맛 강의 노트
괜히 손해를 봤으니 바가지 쓴 게 맞네!

흔히 바가지에 물을 담잖아. 그걸 머리에 쓰면 어떻게 되겠어? 머리와 몸이 홀딱 젖어 괜히 손해를 보겠지? 이처럼 물건을 실제보다 비싸게 사 손해를 보았을 때 **바가지 쓰다**라고 표현해.
하나 더! 이 말은 억울하게 어떤 일을 책임지게 된 상황에서도 쓸 수 있어.

내가 바가지 쓰다니!
이대로는 못 참아!

순한맛 필기 노트

꼬리를 밟다/밟히다: 뒤를 밟다/행적을 들키다.

꼬리가 길다: 못된 짓을 오래 두고 계속하다.

 **순한맛 필기 노트**

간이 붓다: 어떤 일에 겁 없이 달려들다. 비슷한 상황에서 **간이 크다**를, 반대 상황에서 **간이 작다**를 쓸 수 있음.

간이 조마조마하다: 마음이 초조하고 불안하다.

나를 속이다니, **간이 부어** 배 밖으로 나왔지?

힝, **간이 조마조마하다** 못해 오그라들어 콩알만 해졌다고.

눈에 넣어도 아프지 않다

매운맛 강의 노트
눈과 관련된 관용어도 참 많아!

눈에 넣어도 아프지 않다는 무엇을 매우 소중히 귀엽게 여긴다는 뜻이야. 무엇이 마음에 들어 만족할 때는 **눈에 차다**를 쓰지.

한편 어느 정도 이상의 좋은 것만 찾을 때는 **눈이 높다**를 쓰는데, 반대 상황인 보는 수준이 높지 않을 때는 **눈이 낮다**를 써.

우리 부모님은 눈에 넣어도 안 아플 정도로 나를 아끼시는데, 너는 너무 눈이 높아!

그러니까 내 눈에 차게 잘 좀 해 봐!

 순한맛 필기 노트

콧대 높다: 잘난 체하고 뽐내는 태도가 있다.

콧대를 꺾다: 상대방의 자존심을 꺾어 기를 죽이다.

편의점 팀이 콧대가 높기는 해.

이번에 이겨서 콧대를 꺾어 놓으면 어떤 표정을 지을까?

죽도 밥도 안 되다

 매운맛 강의 노트
정말 죽도 밥도 안 되겠네!

쌀에 물을 부어 끓이면 죽이 되든 밥이 되든 해. 그런데 무언가 잘못해서 죽도 밥도 아닌 상태가 되면 먹기에 안 좋지.
이처럼 중간에 되다가 말아서 아무짝에 쓸모없는 상황을 두고
죽도 밥도 안 되다라고 표현해. 죽과 밥이 들어간 관용어가 또 있어.
바로 **죽이 되든 밥이 되든**이야. 일이 제대로 되든지 안 되든지 어쨌든을 뜻해.

큰일이야.
이러다가 정말
죽도 밥도 안 되게 생겼어.

입을 다물다

매운맛 강의 노트
지금부터 입 다물고 귀 기울여!

말이 나왔으니 입과 관련된 관용어도 짚고 넘어갈게.
입을 다물다는 말하지 않거나 하던 말을 그칠 때 써. **입만 살다**는 따르는 행동은 없으면서 말만 그럴듯하게 잘한다는 뜻이지. 지금 너처럼 말이야.
또 여러 번 말해도 받아들이지 않아서 말한 보람이 없을 때는 **입만 아프다**고 해. 지금 나처럼 말이지.

 네 **입만 아프지** 않게 내가 지금부터 **입 다물고** 반성할게.

 **입만 살아** 나불거리지 말고, 행동으로 보여 줘.

한 젓가락 더!

1 다음 대화를 읽고 빈칸에 공통으로 들어갈 알맞은 말을 써 보세요.

> 이제 게임에서 □을 빼고 열심히 공부할 거야!
> 그럼 내가 □ 벗고 나서서 도와야지.
> □이 넓은 내가 도울 일 없을까?
> 공부 열심히 해서 주말에는 □을 뻗고 쉬어야지!

( )

2 뜻과 관용어를 알맞게 짝지어 보세요.

(1) 새로운 일을 시작하다. •　　　　• ① 귀가 얇다.

(2) 남의 말을 쉽게 받아들이다. •　　　　• ② 첫 단추 끼우다.

(3) 무엇을 소중히 귀엽게 여기다. •　　　　• ③ 눈에 넣어도 아프지 않다.

3 괄호 안에 들어갈 말을 **보기**에서 골라 바르게 써 보세요.

> **보기**　　꼬리　뒤통수　마음　무릎　엉덩이　입　콧대

(1) ( )만 살아서 거짓말한다.
(2) 하늘을 찌를 정도로 ( )가 높다.
(3) ( )가 길면 붙잡히는 법이다.
(4) 믿었던 사람에게 ( )를 맞아서 마음이 아프다.
(5) 오랫동안 ( ) 졸이던 일이 해결돼 시원하다.

4 밑줄 친 부분과 바꾸어 쓸 수 있는 말을 골라 보세요.

> 매운맛은 <u>간이 커서</u> 그런지 겁이 없다.

① 간이 조마조마해서　　　② 간이 작아서
③ 간이 부어서　　　　　　④ 간이 오그라들어서

5 다음 상황에 가장 어울리는 관용어를 골라 ○표 해 보세요.

(1)

눈에 차니까
비행기 태우니까
색안경 끼고 보니까

(2)

귀가 얇았네
바가지 썼네
죽도 밥도 안 됐네

(3)

도마 위에 오르지 마
시치미 떼지 마
칼을 빼 들지 마

53

아래 속담의 괄호 안에 들어갈 말 체크 체크!

( )도 밟으면 꿈틀한다.

☐ 애벌레 ☐ 지렁이 ☐ 고양이

2화
팔팔 속담 끓이기

편의점 팀의 뼈저린 반성

낫 놓고 기역 자도 모르다니, 정말 산 넘어 산이네.

천 리 길도 한 걸음부터라고 했어. 이제 다시 시작하자!

불난 집에 부채질한다

 **컵라면의 밑줄 쫙!**
불난 데 부채질하면 어떻게 되겠어?

속담은 예로부터 전해 내려오는 지혜와 교훈이 담긴 짧은 말이야. 상황에 딱 맞는 속담을 골라 쓰면 길게 설명하지 않아도 상대방이 쉽게 이해할 수 있지. 불난 데 부채질을 하면 불이 더 활활 타오르잖아? 이처럼 화가 나거나 어려운 상황에 놓인 사람을 부추겨 문제를 더 크게 만드는 경우를 **불난 집에 부채질한다**고 해.

눈치 좀 챙겨.
불난 집에 부채질하지
말라고!

고래 싸움에 새우 등 터진다

컵라면의 밑줄 쫙!
그러니까 왜 중간에 껴!

부셔부셔가 제법이네? **고래 싸움에 새우 등 터진다**는 딱 지금 같은 상황에 쓰는 속담이야. 강한 사람들이 서로 싸우는 바람에 아무 상관도 없는 약한 사람이 중간에 끼어 피해를 볼 때 쓰는 말이지. 어른들 싸움에 아이들이 피해 보는 억울한 상황에서도 이 말을 쓸 수 있어.

고래 싸움에 새우 등 터지듯,
너희 싸움에 내 속이 터져!

낫 놓고 기역 자도 모른다

컵라면의 밑줄 쫙!
낫 놓고 기역 자도 모르면 안 되고말고.

낫 놓고 기역 자도 모른다는 속담을 들어 봤을 거야. 낫은 풀이나 곡식을 베는 도구인데, 기역(ㄱ) 자 모양으로 생겼어. 기역 자 모양 낫을 보고도 기역 자를 모를 만큼 매우 무식하다는 뜻이지.

사과해.
나는 낫 놓고 기역 자도 모르지 않았다고!

산 넘어 산

컵라면의 밑줄 쫙!
세상에, 산을 넘었는데 또 산이!

산 넘어 산은 말 그대로 산을 넘으니 앞에 또 산이 있다는 뜻이야. 나아갈수록 점점 어려운 상황에 부딪힐 때 쓰지. 뜻이 비슷한 속담으로 **갈수록 태산**이 있어. 태산은 아주 높고 큰 산을 뜻해. 또, 비슷한 고사성어로 **첩첩산중(疊疊山中)**도 있어. 말 그대로 겹겹이 쌓인 산속이라는 뜻으로, 길이 험하고 멀어서 가도 가도 끝이 보이지 않는 어려움이 계속되는 상황을 말해.

윗물이 맑아야 아랫물도 맑다

컵라면의 밑줄 쫙!
윗물이 흐린데 아랫물이 맑을 리가!

물은 높은 곳에서 낮은 곳으로 흘러. 따라서 윗물이 맑으면 아랫물도 맑고, 윗물이 흐리면 아랫물도 흐린 법이지. **윗물이 맑아야 아랫물도 맑다**는 윗사람이 바르게 행동해야 아랫사람도 보고 배워 바르게 행동한다는 뜻이야.

윗물이 맑아야
아랫물도 맑으니까
내가 더 잘할게!

미운 아이 떡 하나 더 준다

 컵라면의 밑줄 쫙!
미운데 떡을 왜 줄까?

미운 아이 떡 하나 더 준다는 속담은 미울수록 더 잘해 주어야 미운 마음이 줄고, 사이가 엇나가지 않는다는 뜻이야. 반대 뜻을 가진 속담도 있어. 바로 **예쁜 자식 매로 키운다**야. 사랑할수록 바르게 자라길 바라는 마음에서 엄하게 키워야 한다는 뜻이지.

미운 아이 떡 하나 더 주는
마음으로 너한테도 떡 줄게!

천 리 길도 한 걸음부터

컵라면의 밑줄 쫙!
천 리 길은 얼마나 될까?

천 리 길도 한 걸음부터라는 속담에서 천 리는 400킬로미터 정도야. 엄청나게 멀어 보여도 처음 한 걸음을 떼고 계속 가다 보면 언젠가는 끝에 닿기 마련이지. 또 갈 길이 멀든 가깝든 맨 처음 한 걸음을 떼지 않으면 아예 나아갈 수 없고! 그러니까 무슨 일이든 시작하는 것이 중요하다는 뜻이야.
비슷한 뜻으로 **시작이 반이다**라는 속담도 있으니 기억해 둬!

그래, 천 리 길도 한 걸음부터 시작이라고! 열심히 하자!

낮말은 새가 듣고 밤말은 쥐가 듣는다

순한맛 필기 노트

낮말은 새가 듣고 밤말은 쥐가 듣는다: 말은 언제나 새어 나가기 쉬우니 늘 조심해야 한다.

낮말은 새가 듣고
밤말은 쥐가 들으니까,
쉿!

응!
조심할게.

바늘 도둑이 소도둑 된다

 **순한맛 필기 노트**

바늘 도둑이 소도둑 된다: 작은 바늘을 훔치다가 결국에는 큰 소까지 훔친다는 말로, 작은 나쁜 짓을 자꾸 해 버릇하면 나중에는 큰 죄를 저지르게 된다.

 바늘 도둑이 소도둑 된다고! 우리한테 허락을 받았어야지!

 미안해. 안 보여 줄까 봐 그랬어.

소 잃고 외양간 고친다

 **매운맛 강의 노트**
나중에 후회할 일 없게 하자고!

옛날에는 집 가까이 외양간을 지어 소를 돌보아 길렀어. 그런데 외양간이 허술하면 도둑이 들기 쉽잖아. 소를 도둑맞은 다음에 허술한 외양간을 고치는 게 무슨 소용이 있을까?
소 잃고 외양간 고친다는 이처럼 일이 잘못된 뒤에 손을 써도 소용이 없는 상황에서 쓰는 속담이야. 미리 준비하지 않으면 나중에 후회하게 된다는 교훈을 주지.

등잔 밑이 어둡다

순한맛 필기 노트

등잔 밑이 어둡다: 가까이 있는 물건 또는 사람을 알아보지 못하거나 찾지 못한다.

아껴 먹으려던 과자가 사라졌어! 어디 갔지?

등잔 밑이 어두운 법! 네 주머니부터 찾아봐!

# 지렁이도 밟으면 꿈틀한다

 **순한맛 필기 노트**

지렁이도 밟으면 꿈틀한다: 아무리 순하고 착한 사람이라도 지나치게 업신여기면 가만있지 않는다. 뜻이 비슷한 속담으로 **쥐도 궁지에 몰리면 고양이를 문다**가 있음.

부셔부셔 너무 구박하지 마.
지렁이도 밟으면
꿈틀하는 법이잖아!

그래, 마치 궁지에
몰려서 고양이 물려는
쥐 같았어.

열 번 찍어 안 넘어가는 나무 없다

 **순한맛 필기 노트**

열 번 찍어 안 넘어가는 나무 없다:
① 안 될 것 같던 일도 여러 번 노력하면 결국 이루어진다.
② 아무리 뜻이 굳은 사람이라도 여러 번 권하고 꾀고 달래면 결국 마음을 바꾼다.

콩 심은 데 콩 나고, 팥 심은 데 팥 난다

 **부셔부셔의 한마디**
콩 심은 데 콩이 나야지, 팥이 나면 이상하지!

콩 심은 데 콩 나고, 팥 심은 데 팥 난다는 속담은 모든 일의 결과는 원인에 따라 결정된다는 뜻이구나! 뿌린 대로 거둔다도 같은 뜻을 가진 속담이고.
자식이 부모를 쏙 빼닮았을 때도 콩 심은 데 콩 나고 팥 심은 데 팥 난다는 속담을 쓴다고 하네.

 콩 심은 데 콩 나고, 팥 심은 데 팥 나는 거라면, 엄마 아빠도 어렸을 때 0점 받은 적이 있다는 얘기?

내 코가 석 자

[채팅 화면]

그럼 왜 안 읽었어?

내 코가 석 자여서 메시지 보낼 시간이 없었어.

무슨 일 있었어?

그런데 코는 한 글자인데, 왜 석 자라고 해?

 **매운맛 강의 노트**
내 코가 석 자일 땐, 다른 데 신경 쓸 겨를이 없지!

내 코가 석 자는 내 사정이 급하고 어려워서 남을 돌볼 여유가 없을 때 쓰는 속담이야. '자'는 옛날에 길이를 나타낼 때 쓰던 단위야.
한 자의 길이가 약 30.3센티미터니까, 석 자면 90센티미터가 넘는데 이렇게 길어진 콧물을 닦을 겨를도 없었으니 누구를 돌볼 여유가 있겠어?

 꺄악!

 내 코가 석 자여서 메시지 보낼 틈이 없었어.

돌다리도 두들겨 보고 건너라

 **순한맛 필기 노트**

돌다리도 두들겨 보고 건너라: 잘 아는 일이라도 주의를 기울여야 실수하지 않는다. 뜻이 비슷한 속담으로 **아는 길도 물어 가랬다, 얕은 내도 깊게 건너라**가 있음.

매운맛 강의 노트
언제부터 그렇게 잘 알았다고!

올챙이가 자라서 개구리가 되는 거 알지? 세상의 모든 개구리는 올챙이였던 시절이 있어. **개구리 올챙이 적 생각 못 한다**는 형편이 좋아진 사람이 과거 어렵던 때를 잊고, 처음부터 잘난 것처럼 행동한다는 뜻이야. 겸손하지 못하고 잘난 체하는 사람에게 자주 쓰지.

개구리 올챙이 적
생각 못 했던 내 모습,
반성할게.

가는 말이 고와야 오는 말이 곱다

순한맛 필기 노트

가는 말이 고와야 오는 말이 곱다: 내 말이나 행동이 좋아야 다른 사람도 나에게 좋게 대한다. 뜻이 비슷한 속담으로 **엑 하면 떡 한다**가 있음.

티끌 모아 태산

매운맛 강의 노트
티끌도 언젠가는 태산이 될 수 있어!

티끌 모아 태산은 아무리 작은 것이라도 모이면 큰 것이 된다는 뜻이야. 티(부스러기)와 먼지를 티끌이라고 하는데, 이런 티끌이 모이고 모이다 보면 언젠가는 큰 산을 이룰 수 있다는 의미지. 아끼고 절약해야 하는 상황이나 꾸준함과 인내가 필요할 때 주로 쓰는 속담이야. 작은 시작이라도 꾸준히 노력하면 큰 성과를 이룰 수 있다는 걸 꼭 기억해!

10원짜리 무시하면 안 되겠다! **티끌 모아 태산**이니까!

하늘이 무너져도 솟아날 구멍이 있다

 매운맛 강의 노트
아무리 어려운 상황이라도 벗어날 방법은 있는 법!

하늘이 무너져도 솟아날 구멍이 있다는 속담은 하늘이 무너지는 것 같은 어려운 일이 생기더라도, 그 일을 해결할 방법은 있다는 뜻이야. 그러니까 힘든 상황이라고 포기하거나 울지 말고, 씩씩하게 해결 방법을 생각해 봐야 해.

하늘이 무너져도
솟아날 구멍이 많으면
좋겠다!

한 젓가락 더!

1 다음 중 '무슨 일이든 시작하는 것이 중요하다'를 뜻하는 속담을 골라 보세요.

① 누워서 떡 먹기
② 우물 안 개구리
③ 천 리 길도 한 걸음부터
④ 갈수록 태산
⑤ 개밥에 도토리

2 아래에서 설명하는 속담이 무엇인지 써 보세요.

- '아무리 순하고 착한 사람이라도 지나치게 업신여기면 가만있지 않는다'라는 뜻이다.
- 비슷한 속담으로 '쥐도 궁지에 몰리면 고양이를 문다'가 있다.

(   )

3 빈칸에 들어갈 말을 보기 에서 골라 바르게 써 보세요.

보기	오는 말 코 귀 하늘 개구리
	자는 말 부채질

(1) (   ) 올챙이 적 생각 못 한다.
(2) 가는 말이 고와야 (   )이 곱다.
(3) 불난 집에 (   )한다.
(4) 내 (   )가 석 자다.
(5) (   )이 무너져도 솟아날 구멍이 있다.

4 다음 속담의 틀린 부분을 찾아 바르게 고쳐 보세요.

(1) 무 심은 데 무 나고, 배추 심은 데 배추 난다.

⇨ (   )

(2) 돼지 잃고 외양간 고친다.

⇨ (   )

5 초성과 그림을 보고 속담을 완성해 보세요.

(1) ㅁㅇ 아이 ㄸ 하나 더 준다.
(   )

(2) ㄴ 놓고 ㄱㅇ 자도 모른다.
(   )

(3) ㅌㄲ 모아 ㅌㅅ.
(   )

(4) ㄱㄹ 싸움에 ㅅㅇ ㄷ 터진다.
(   )

아래 설명에 맞는 고사성어 체크 체크!

별다른 차이 없이 비슷하다.

☐ 형설지공   ☐ 난공불락   ☐ 오십보백보

3화
솔솔 고사성어 뿌리기

라면 팀과 편의점 팀, 함께하다!

순한맛이랑 삼각 김밥이랑 실력이 오십보백보네.

삼각 김밥이 그 정도는 아니야. 형설지공으로 실력이 일취월장했거든.

호시탐탐

 **김치 할아버지의 한마디**
호시탐탐

虎	視	眈	眈
범 호	볼 시	노려볼 탐	노려볼 탐

고사성어는 동양의 옛이야기나 사건에 바탕을 둔 한자로 된 말로, 오랜 세월 쌓여 온 삶의 지혜와 교훈을 담고 있지.

호시탐탐은 호랑이(범)가 눈을 부릅뜨고 먹이를 노려본다는 뜻이야. 남의 것을 빼앗기 위해 주변을 살피며 가만히 기회를 엿볼 때, 또는 어떤 일을 지켜보면서 내게 알맞은 기회를 노릴 때 쓰지.

할아버지를 차지하려고
호시탐탐 기회를 노리는 거 다 알아!

김치 할아버지의 한마디
좌우명

座 右 銘
자리 좌 · 오른쪽 우 · 새길 명

좌우명은 늘 자리 옆에 갖추어 두고 가르침으로 삼는 말이란다. 옛날 중국의 학자 최원은 자신의 잘못을 스스로 바로잡기 위해 글을 지어 쇠붙이에 새긴 뒤 자리 오른쪽에 두었다고 해. 그것을 매일 읽으며 마음을 다잡은 데서 이 말이 생겨났지.

나도 할아버지처럼 멋진 좌우명을 만들어야겠어.

'화내지 말자' 어때?

 **매운맛 강의 노트**
오십보백보

五	十	步	百	步
다섯 오	열 십	걸음 보	일백 백	걸음 보

오십보백보는 별다른 차이 없이 비슷하다는 뜻이야. 전쟁에서 밀리자 어떤 병사는 오십 보를, 다른 병사는 백 보를 도망쳤어. 그런데 오십 보 도망친 병사가 백 보 도망친 병사를 놀렸다고 생각해 봐. 오십 보나 백 보나 도망친 것은 마찬가지인데 말이지.

매운맛이나 컵라면이나
성격 까칠한 건 오십보백보네!

다다익선

다음 날, 김치 할아버지네 집

와르르르 ~♪

빤히-

데구루루...

원래 실력 없는 애들이 준비만 요란한 거 알지?

키득 키득

소곤

매운맛 강의 노트
다다익선

많을 다   많을 다   더할 익   좋을 선

다다익선은 많으면 많을수록 좋다는 말이야. 맛있는 음식, 친한 친구, 멋진 옷, 쉬는 날! 많을수록 좋잖아, 안 그래?

노는 시간, 쉬는 시간,
게임 시간도 다다익선이지!

 **김치 할아버지의 한마디**
난공불락

難	攻	不	落
어려울 난	칠 공	아닐 불	떨어질 락

난공불락은 공격하기가 어려워 쉽게 함락되지 않는다는 뜻이란다. 너무 강해 무너뜨리기 어려운 대상에 쓰기도 해. 하지만 포기하지 않고 노력하면 난공불락은 없다는 걸 꼭 기억하렴!

맞아요, 제 사전에 **난공불락**은 없어요!

아닐걸? 너희 팀은 우리한테 지게 될 건데?

형설지공

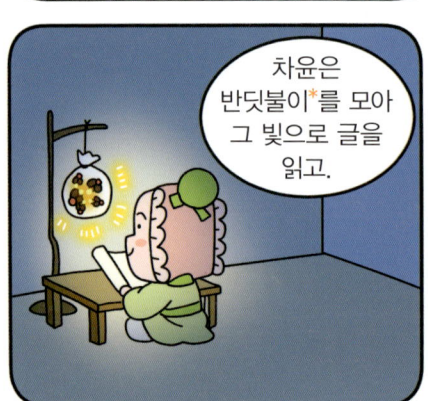

* 반딧불이: 반딧불이과의 딱정벌레. 밤에 반짝이며 날아다닌다.

김치 할아버지의 한마디
형설지공

螢	雪	之	功
반딧불이 형	눈 설	어조사 지	공 공

형설지공은 반딧불이·눈과 함께 하는 노력이라는 뜻이란다. 어려운 환경에서도 부지런하고 꾸준하게 공부하는 자세를 이르지. 가난해 등불을 켜지 못한다고 실망하는 게 아니라, 어떻게든 공부할 방법을 찾은 차윤과 손강이 정말 대단하지?

형설지공으로 공부하면 대회에서 우승할 수 있을까?

그런데 반딧불이랑 눈을 어디서 구하지?

백문이 불여일견

매운맛 강의 노트
백문이 불여일견

百	聞	이	不	如	一	見
일백 백	들을 문		아닐 불	같을 여	하나 일	볼 견

백문이 불여일견은 백 번 듣는 것보다 한 번 보는 것이 낫다는 말이야. 무엇이든 직접 보고 겪어야 제대로 알 수 있다는 의미를 담고 있지. 그러니까 아무리 들어도 이해가 되지 않을 땐, 꼭 몸으로 부딪쳐 봐.

백문이 불여일견인데 반딧불이를 못 찾겠네!

조삼모사

김치 할아버지의 한마디
조삼모사

아침 조   석 삼   저물 모   넉 사

조삼모사는 아침에 세 개, 저녁에 네 개를 뜻한단다. 먹이를 아침에 세 개, 저녁에 네 개 준다는 말에 화를 내던 원숭이들이 아침에 네 개, 저녁에 세 개 준다고 하니 좋아했다는 데서 나온 말이야. 당장의 이익만 따지다 그 결과나 전체를 보지 못하는 어리석은 상황에 쓰지.

이번 대회는 우리가, 다음 대회는 너희가 우승하는 거 어때?

다음이 어딨어? 내가 조삼모사에 당할 것 같아?

천고마비

 **김치 할아버지의 한마디**
천고마비

天	高	馬	肥
하늘 천	높을 고	말 마	살찔 비

하늘이 맑아 높게 보이고, 온갖 곡식이 익어 먹을 것이 풍족한 가을을 떠올려 보렴. **천고마비**는 날씨가 매우 좋은 가을을 의미하는 말이란다. 하늘이 높고 말이 살찌는 풍요로운 계절이라는 게지.

나는 혹시 말인 걸까?
천고마비의 계절이 되면
살이 찌거든.

아니, 넌 그냥 라면이야.
네가 살찌는 건
많이 먹어서고.

 **김치 할아버지의 한마디**
계륵

鷄	肋
닭 계	갈빗대 륵

계륵은 닭의 갈비라는 뜻으로, 큰 가치는 없지만 버리기에는 아까운 것을 가리키지. 닭의 갈비는 살이 적어 먹을 게 별로 없지만 버리기는 또 아깝다고 해서 이런 말이 생겼단다.

가끔 순한맛이
계륵이란 생각이 들어.   나도
삼각 김밥이….

설상가상

김치 할아버지의 한마디
설상가상

雪	上	加	霜
눈 설	위 상	더할 가	서리 상

설상가상은 눈 위에 서리가 더해진다는 뜻이란다. 서리는 공기 속 물방울이 얼어붙어 생기는 가루 모양 얼음인데, 한겨울 눈 위에 서리까지 덮이면 얼마나 춥고 힘들겠니? 이처럼 나쁜 일이 거듭 겹치는 상황에서 쓰는 말이지.

배탈에 설사까지, 제 상황이 딱 설상가상이네요.

역지사지

 김치 할아버지의 한마디
역지사지

易	地	思	之
바꿀 역	땅 지	생각 사	어조사 지

역지사지는 입장이나 처지를 바꾸어서 생각해 본다는 뜻이란다. 친구의 행동과 말이 이해가 안 될 때는 역지사지해 보렴. 그럼 이해 못 할 것이 없을걸?

역지사지의 마음으로 보니 이해가 돼.  그럴 만했어. 나도 배 아프면 못 참거든.

마이동풍

고마운데… 지금은 아무리 말해 봤자 **마이동풍**이거든.

세상에, 지금 상황과 딱 맞는 말이야!

아프면 변한다는 말이 진짜인가 봐.

나도 아파야 하나?

근데… 내가 이 말을 어떻게 알지?

순한맛 필기 노트

馬	耳	東	風
말 마	귀 이	동녘 동	바람 풍

마이동풍: 동쪽에서 불어오는 봄바람이 말의 귀를 스쳐 간다는 뜻으로, 남의 말을 귀담아듣지 않고 넘겨 버리다.

정말 어떻게 안 걸까?

 할아버지 말씀을 마이동풍으로 흘려듣지 않고 공부한 덕이지.

새옹지마

순한맛 필기 노트

塞 翁 之 馬
변방 새 늙은이 옹 어조사 지 말 마

새옹지마: 좋고 나쁜 운은 항상 바뀌므로 앞일이 어떻지는 미리 알 수 없다. 옛날 중국에 한 노인이 살았는데, 기르던 말이 도망가 버려 안타까워했으나, 얼마 뒤 그 말이 다른 말을 끌고 돌아와 오히려 좋은 일이 되었다. 그러나 이내 아들이 그 말을 타다 다리가 부러져 슬퍼했지만 다리가 부러진 덕에 아들이 전쟁터에 끌려가지 않아 목숨을 구했다는 데서 이런 말이 생겼음.

일취월장

김치 할아버지의 한마디
일취월장

日	就	月	將
날 일	이룰 취	달 월	나아갈 장

일취월장은 날마다 이루고 달마다 나아간다는 뜻으로, 나날이 다달이 자라거나 발전하는 상황에서 쓴단다. 지금 너희가 딱 그렇지!

할아버지 덕분에 일취월장해서 실력이 오르고 있어요!   너는 방금까지 졸았으면서.

컵라면의 밑줄 쫙!
용두사미

龍	頭	蛇	尾
용 용(룡)	머리 두	뱀 사	꼬리 미

용두사미는 용의 머리에 뱀의 꼬리라는 뜻으로, 시작은 좋았지만 끝은 흐지부지되는 것을 말해.

화룡점정

32가 아니었어?
그러면… 뭐지?

아하!

알겠다!

매운맛 강의 노트
화룡점정

畫	龍	點	睛
그림 화	용 룡(용)	점 점	눈동자 정

화룡점정은 가장 중요한 부분을 마무리 지어 일을 완벽하게 해낸다는 뜻이야. 용을 그리고 마지막으로 눈동자를 찍어 넣었더니, 그림이 살아나 진짜 용이 되어 하늘로 올라갔다는 이야기에서 나온 말이지.

두고 봐. 열심히 공부해서 화룡점정 하고 말 테니!

대기만성

김치 할아버지의 한마디
대기만성

大	器	晚	成
큰 대	그릇 기	늦을 만	이룰 성

대기만성은 큰 그릇을 만드는 데는 시간이 오래 걸린다는 말이란다. 큰 그릇을 만들려면 작은 그릇보다 시간이 더 들겠지? 물건도 사람도 크게 되려면 시간과 노력이 많이 필요하니 그만큼 늦게 이루어진다는 뜻이지.

김치 할아버지의 한마디
타산지석

他	山	之	石
다를 타	산 산	어조사 지	돌 석

타산지석은 다른 산의 쓸모없는 거친 돌이라도 자기 산의 옥돌을 가는 데에 쓸모가 있다는 뜻이지. 남의 실수나 별것 아닌 말과 행동이 나의 성장에 도움이 될 수 있다는 말이란다.

타산지석으로 삼아 배울 건 배워 보자고!

그래, 쟤들은 실수를 많이 하니까 배울 것도 많겠지.

감언이설

순한맛 필기 노트

甘	言	利	說
달 감	말씀 언	이로울 이	말씀 설

감언이설: 달콤한 말과 이로운 이야기. 듣기 좋은 말과 이로운 조건을 내세워 남을 꾀는 일이나 말을 뜻함.

쟤가 열한 번 쓰면 나는 열두, 아니 스무 번 쓴다!

그거야말로 번지르르한 감언이설 같은데?

한 젓가락 더!

1 다음 중 동물과 관련 없는 고사성어를 골라 ○표 해 보세요.

호시탐탐   계륵

다다익선   새옹지마

2 아래 뜻이 설명하는 고사성어를 골라 보세요.

늘 자리 옆에 갖추어 두고 가르침으로 삼는 말.

① 계륵
② 좌우명
③ 난공불락
④ 오십보백보

3 빈칸에 들어갈 말을 보기에서 골라 바르게 써 보세요.

보기   천고마비   역지사지   마이동풍   화룡점정
       감언이설   타산지석   백문이 불여일견

(1) (   )에 속아 넘어가 손해를 보았다.
(2) 상대방의 입장에서 (   )해 보다.
(3) 충고를 (   )으로 흘려듣다.
(4) 가을은 (   )의 계절이다.
(5) (   )으로 삼아 같은 실수를 하지 않겠다.

4 다음 고사성어의 뜻을 써 보세요.

일취월장(日就月將)

⇨ (   )

5 아래 그림을 보고 빈칸을 채워 고사성어를 완성해 보세요.

141

아래 설명에 맞는 서양 고사 어휘 체크 체크!

겉과 속이 다른 거짓 눈물이나 슬픔, 위선된 행동.

☐ 악어의 눈물 　　　☐ 하이에나의 눈물

4화
톡톡 서양 고사 어휘 더하기

대결을 앞둔 라면 팀과 편의점 팀

멘티들아! 멘토인 나를 따르라! 내 사전에 불가능은 없다~!

이번 대회의 다크호스가 되어 적들이 모두 백기를 들게 하겠다!

멘토

 **매운맛 강의 노트**
네가 어떻게 멘토가 되겠어, 멘티면 모를까!

서양 고사 어휘는 서양의 옛이야기나 사건, 문학 작품 등에 바탕을 둔 말로, 우리에게 귀중한 가르침을 줘.

그리스·로마 신화 속 오디세우스 왕이 긴 전쟁을 치르는 동안 친구 '멘토르'가 왕자를 대신 돌보았어. 그가 아버지처럼, 스승처럼, 친구처럼 이끌어 준 덕분에 왕자는 훌륭하게 자라났지. 이 이야기에서 멘토라는 말이 나왔어. 멘토는 경험과 지식을 바탕으로 다른 사람을 이끌어 주는 사람을 뜻해. 참! 멘토에게 도움받는 사람을 멘티라고 하니까 알아 둬.

그래, 멘티에서 멘토로 변해 보겠어!

아킬레스건

 매운맛 강의 노트
나중에 후회할 일 없게 하자고!

그리스·로마 신화에 나오는 영웅 아킬레우스는 죽지 않는 불사신에 가까웠어. 유일한 약점이 발꿈치였는데, 결국 여기에 화살을 맞아 죽고 말았지.
이 이야기에서 **아킬레스건**이 나왔어. 아킬레스건은 의학적으로는 발꿈치뼈에 붙은 힘줄을 가리키며, 흔히 치명적 약점이라는 뜻으로 쓰여.

네 아킬레스건이
나라고? 그럼 네가 더
노력해야겠네. 뭐야?

큐피드의 화살

콜럼버스의 달걀

 **순한맛 필기 노트**

콜럼버스의 달걀: 이탈리아의 탐험가 콜럼버스가 아메리카 대륙을 발견하고 돌아왔을 때 몇몇 사람들은 '누구나 할 수 있는 일'이라며 깎아내렸다. 그러자 콜럼버스는 삶은 달걀을 꺼내 세워 보라고 했는데 모두가 실패했다. 콜럼버스는 달걀 한쪽 끝을 조금 깨뜨려 세우고는 이렇게 말했다. "누군가 이미 발견한 항로를 그대로 따라가는 것은 쉬운 일이지만, 그 항로를 처음 발견하는 것은 아무나 할 수 있는 일이 아닙니다."
이 이야기에서 콜럼버스의 달걀이 나왔다. 알고 나면 쉽지만 아무도 생각하지 못했던 기발한 생각이나 행동을 뜻하는 말이다.

내 사전에 불가능은 없다

 **순한맛 필기 노트**

내 사전에 불가능은 없다: 어떤 어려움 속에서도 목표를 향해 나아가려는 의지를 뜻하는 말. 프랑스의 군인이자 황제의 자리에도 오른 나폴레옹이 군대를 이끌고 눈 덮인 알프스 산을 넘어 이탈리아를 공격하려는 작전을 세우자, 여기에 반대하는 부하를 향해 '내 사전에 불가능은 없다'고 외치며 계획을 실행했다는 이야기가 전해진다.

내 사전에는 어떤 낱말들이 없는지 생각해 볼까?   없는 것 엄청 많을 것 같은데?

시간은 돈이다

 **매운맛 강의 노트**
시간이 그만큼 중요하다는 뜻인 줄 모르겠어?

미국의 정치가 벤자민 프랭클린은 **시간은 돈이다**라고 말했어. 시간이 돈만큼 소중하니 헛되이 써서는 안 된다는 뜻이지. 비슷한 말로 **시간은 금이다**도 있어. 평소에는 시간의 소중함을 잘 느끼지 못하다가 시험 전날 공부를 급하게 한다거나 시간제한이 있는 일을 할 때 '시간은 돈이다', '시간은 금이다'라는 말을 이해할 수 있을 거야.

시간은 돈이니
조금 서둘러 볼까?

뜨거운 감자

매운맛 강의 노트
먹고 싶지만 먹지 못하는 것!

갓 요리된 **뜨거운 감자**를 손으로 계속 잡고 있기는 매우 어렵지?
이처럼 뜨거운 감자는 해결하기 어렵거나 논란이 많은 민감한 주제를 의미해.
너무 뜨거운 감자를 손으로 잡고 있기 어려워 다른 사람에게 던지듯,
책임지지 않고 떠넘기려는 문제를 뜻하기도 하지.

나랑 대회 나가는 게 왜?
네가 한 말이 뜨거운 감자로
떠올랐어.

매운맛 강의 노트
하품해서 나오면 거짓 눈물이지!

이집트 나일강에 사는 악어는 사람을 잡아먹으며 슬퍼서 눈물을 흘린다는 전설이 있어. 하지만 악어는 실제로 입을 크게 벌리면 눈물을 내보내는 눈물샘이 자극돼 저절로 눈물이 나온다고 하니, 거짓 눈물인 셈이지. 그래서 겉과 속이 다른 거짓 눈물이나 슬픔, 위선된 행동을 **악어의 눈물**이라고 하는 거야.

하품이 아니라 눈이 아파서 그런 거라고.
정말로 **악어의 눈물** 아니라니까!

유레카

순한맛 필기 노트

유레카: 새로운 것을 발견하거나 무언가를 깨달았을 때 외치는 말. 고대 그리스의 과학자 아르키메데스는 왕의 명령을 받아 왕관이 순금으로 만들어졌는지 확인해야 했다. 방법을 고민하던 아르키메데스는 목욕하러 탕에 들어갔다가 넘쳐흐르는 물을 보고 부력(뜰힘)의 원리를 깨달아 "유레카(알았다)!"를 외쳤다. 아르키메데스는 왕관과 똑같은 무게의 순금을 준비해 각각을 물에 담가서 넘쳐흐르는 물의 양을 비교했다. 실험 결과 순금을 넣었을 때와 왕관을 넣었을 때 흘러넘치는 물의 양이 달랐고, 이로써 왕은 왕관에 다른 재료가 섞여 있다는 것을 알게 되었다. 결국 순금을 빼돌린 장인은 큰 벌을 받았다고 한다.

트로이 목마

 **삼각 김밥의 한마디**
이런 속임수에 넘어갈 것 같아? 날 뭘로 보고.

트로이 목마는 겉보기와 다르게 상대를 해칠 수 있는 속임수를 뜻해. 고대 그리스 신화 속 트로이 전쟁에서, 그리스군은 트로이의 강력한 성벽을 뚫지 못해 어려움을 겪었어. 그러자 그리스의 영웅 오디세우스는 나무로 만든 거대한 말(목마)을 만들어 그 안에 그리스 병사들을 숨겨 놓고 물러나는 척했지. 트로이군은 그 목마를 승리의 증표로 생각하고 성안으로 들였어. 결국 밤에 목마에서 병사들이 나와 성문을 열었고, 밖에서 기다리던 그리스군이 쳐들어와 트로이는 멸망하고 말았어.

완벽한 속임수야. 삼각 김밥이 **트로이 목마**를 알기나 하겠어?

눈에는 눈, 이에는 이

 **삼각 김밥의 한마디**
나는 당하고는 못 살아!

눈에는 눈, 이에는 이는 남에게 당한 그대로 갚아 주는 것을 뜻해. 해를 가한 사람에게 그와 같은 방식으로 보복하는 것을 말하지. 서양 문화에 많은 영향을 준 고대 바빌로니아 제국의 함무라비 법전에 나오는 원칙에서 비롯된 말이야.

눈에는 눈, 이에는 이 사전을 쓸 줄이야!
너무 좋아서 깜빡 넘어갈 뻔.

미다스의 손

미다스의 손이 왔구나!

칭찬해 주셔서 감사합니다!

미다스의 손이 뭐예요?

부셔부셔가 왜 미다스의 손이에요?

미다스의 손은 하는 일마다 성공하는 사람이나 그런 능력을 뜻하는 말이란다.

어려운 모양 달고나도 늘 성공해서 내가 별명을 붙여 줬지.

내 실력을 보여 줄게!

 **부셔부셔의 한마디**
미다스의 손 실력을 보여 줄 수 있었는데!

미다스의 손은 그리스·로마 신화의 미다스 왕 이야기에서 비롯됐어. 미다스 왕은 디오니소스 신을 기쁘게 만든 덕에 손대는 모든 것을 황금으로 변하게 만드는 힘을 얻게 됐어. 최고의 부자가 되었다고 기뻐하는 것도 잠시뿐, 사랑하는 딸까지 황금으로 변하자 몹시 슬퍼했지. 결국 미다스 왕은 디오니소스에게 빌어 그 능력을 버리고 원래대로 돌아왔다고 해.

컵라면의 밑줄 쫙!
마녀사냥 나빠, 정말 나빠!

마녀사냥은 1300~1600년대 유럽에서 교회의 뜻을 따르지 않거나 미움을 산 사람들을 마녀라고 누명 씌워 불태우던 일을 말해. 전염병, 흉년 같은 나쁜 일이 생기면 죄 없는 사람들에게 마녀라며 책임을 덮어씌우기도 했지. 요즘은 어떤 사람에게 잘못을 뒤집어씌울 때 이 말을 써.

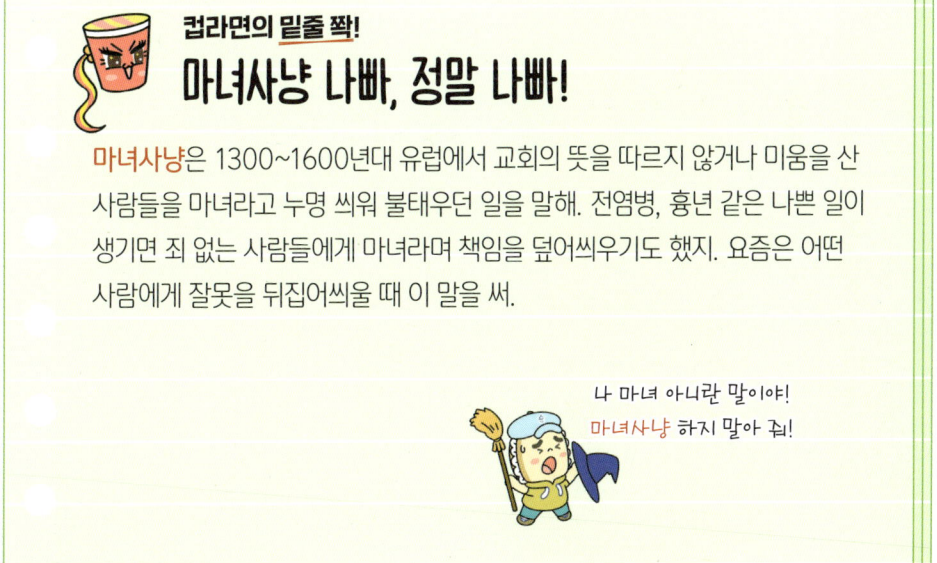

판도라의 상자

매운맛 강의 노트
판도라의 상자를 여는 열쇠는 호기심이라고!

판도라의 상자는 알게 되면 위험한 비밀을 뜻해. 그리스·로마 신화의 최고신 제우스는 프로메테우스가 신만 가질 수 있는 불을 인간에게 건넨 것에 무척 화가 났어. 그래서 프로메테우스의 동생 에피메테우스를 이용해 인간에게 벌을 내리기로 했지.

제우스는 아름다운 여인 판도라를 만들어 온갖 재앙을 담은 상자를 주고 절대 열어 보지 말라는 명령과 함께 인간 세상에 내려보냈어. 이 사실을 모르는 에피메테우스는 판도라에게 첫눈에 반해 아내로 맞이했지.

시간이 지난 뒤 판도라는 호기심 때문에 상자를 열었고, 온갖 재앙이 인간 세상에 쏟아져 나왔어. 놀란 판도라가 황급히 상자를 닫았을 때 남은 것은 딱 하나, 희망이었어. 그 덕분에 인간은 아무리 힘든 상황에서도 희망을 잃지 않을 수 있게 되었다고 전해져.

백기를 들다

 **매운맛 강의 노트**
괜히 버티지 말고, 백기 들지 그래?

백기를 들다는 굴복·항복·포기한다는 뜻이야. 오랜 옛날부터 전쟁에서 항복이나 협상의 뜻을 나타낼 때는 흰 깃발, 백기를 내걸었어. 왜 백기였을까? 염색 기술이 발달하기 전이라 흰색 천이 가장 구하기 쉬운 데다, 군대의 알록달록한 깃발과 구별이 잘됐거든. 그러다 1907년에 세계 여러 나라의 대표가 네덜란드에 모여, 전쟁에서 항복할 때 백기를 드는 것으로 규칙을 정했어.

너 뭐 하냐?   백기 들고 있잖아!
항복할 테니까 오해 좀 풀어!

매운맛 강의 노트
하루 한 알로 만족하면 안 되는 거니?

황금 알을 낳는 거위는 이솝 우화*의 하나로, 지나치게 욕심을 부리면 모든 것을 잃게 된다는 교훈을 담고 있어. 오늘날에는 흔히 큰 이익을 가져다주는 상품이나 사업 등을 가리키는 말로 쓰지.

나도 황금 알을 낳는 거위 갖고 싶어!

그게 바로 나잖아.

* **이솝 우화**: 그리스 작가 이솝의 작품이라고 전해지는 우화집. 우화는 동식물이나 사물을 주인공으로 하여 교훈을 주는 이야기를 말한다.

매운맛 강의 노트
욕심이 지나치면 모든 걸 잃게 돼!

이카로스의 날개는 사람의 끝없는 욕망을 가리키는 표현이야. 욕심과 자신에 대한 믿음이 지나쳐 무리하게 행동하다가 결국 큰 피해를 입을 수 있는 상황일 때 쓰지.

이카로스의 날개는 녹았지만,
내 날개는 안 녹아! 엄청 튼튼하게
붙일 거니까!

아는 것이 힘이다

매운맛 강의 노트
아는 것이 힘일까, 모르는 게 약일까?

아는 것이 힘이다는 아는 것이 많으면 세상을 살아가는 데 도움이 된다는 뜻이야. 당장은 필요 없어 보여도 다양한 분야의 지식이 쌓이고 쌓이면, 삶에 큰 도움이 된다는 의미지! 그러니까 공부하기 싫다고 꾀부리지 말고 열심히 하자고!
반대되는 어휘로 **모르는 게 약**이라는 말이 있어. 어떤 사실을 알지 못하는 게 정신적으로 더 이로울 때가 있다는 뜻이지.

어제 네가 산 책, 50퍼센트 할인하더라. 아는 것이 힘이라서 말해 주는 거야.

그런 정보는 모르는 게 약인데!

 매운맛 강의 노트
다크호스가 아니라, 그냥 까만 말 아니야?

잘 알려지지 않았지만 혜성처럼 나타나 뛰어난 실력을 선보이는 사람을 가리켜 **다크호스**라고 해. 경마에서 아무도 기대하지 않았던 말이 우승했을 때 쓰던 표현에서 유래한 말이지.

'어두운', '알 수 없는'을 뜻하는 영어 단어 '다크(dark)'와 '말'을 뜻하는 '호스(horse)'가 합쳐진 말이야.

로마는 하루아침에 이루어지지 않았다

 **순한맛 필기 노트**

로마는 하루아침에 이루어지지 않았다: 위대한 결과를 얻기 위해서는 꾸준한 노력과 시간이 필요하다.

모든 길은 로마로 통한다: 어느 곳에서든지 로마로 가는 길이 있다.

로마는 하루아침에 이루어지지 않았다는 말, 꼭 기억해!

 걱정 마, 이제 모든 어휘 공부는 순한맛으로 통하게 될 테니까!

한 젓가락 더!

1 뜻과 서양 고사 어휘를 알맞게 짝지어 보세요.

(1) 상식을 뛰어넘는 새로운 생각이나 행동 •   • ① 다크호스

(2) 잘 알려지지 않았지만, 뛰어난 실력을 선보이는 사람 •   • ② 콜럼버스의 달걀

2 다음 그림이 설명하는 서양 고사 어휘는 무엇인가요?

3 빈칸에 들어갈 말을 에서 골라 바르게 써 보세요.

> 백기를 들다   아킬레스건   멘토
> 트로이 목마   판도라의 상자   유레카   뜨거운 감자

(1) 그 사건은 온 국민의 (   )였다.
(2) 민재에게 수학은 (   )이었다.
(3) 그렇게 말렸지만, 결국 (   )를 열고 말았다.
(4) 그는 누군가의 (   )가 되어 도움을 주고 싶었다.
(5) 뭔가를 깨닫고 (   )라고 외쳤다.

4 다음 낱말을 연결해 서양 고사 어휘를 완성해 보세요.

[하루아침에] [로마는] [앉았다] [이루어지지]

⇨ (.)

5 뜻풀이를 보고 서양 고사 어휘를 완성해 보세요. (띄어쓰기 상관없이 답을 적어 주세요.)

세로 뜻풀이
❶ 끊임없이 노력하면 이루지 못할 일이 없다.

가로 뜻풀이
② 남에게 당한 그대로 갚아 주다.
③ 돈만큼 시간이 소중하니 헛되이 써서는 안 된다.
④ 사랑의 신이 쏘는 이것에 맞으면 첫눈에 반하게 된다고 전해진다.

 에필로그

한 젓가락 더! 정답

1화 한 젓가락 더! (p. 52)

1 발

2 (1) - ② (2) - ① (3) - ③

3 (1) 입 (2) 콧대 (3) 꼬리
(4) 뒤통수 (5) 마음

4 ③

5 (1) 비행기 태우니까
(2) 바가지 썼네
(3) 시치미 떼지 마

3화 한 젓가락 더! (p. 140)

1 다다익선

2 ②

3 (1) 감언이설 (2) 역지사지
(3) 마이동풍 (4) 천고마비
(5) 타산지석

4 나날이 다달이 자라거나 발전함.

5 (1) 설**상가상** (2) **대기**만성
(3) 조**삼모**사 (4) **용**두**사**미

2화 한 젓가락 더! (p. 96)

1 ③

2 지렁이도 밟으면 꿈틀한다.

3 (1) 개구리 (2) 오는 말 (3) 부채질
(4) 코 (5) 하늘

4 (1) 콩 심은 데 콩 나고, 팥 심은 데 팥 난다.
(2) 소 잃고 외양간 고친다.

5 (1) **미운** 아이 **떡** 하나 더 준다.
(2) **낫** 놓고 **기역** 자도 모른다.
(3) **티끌** 모아 **태산**.
(4) **고래** 싸움에 **새우 등** 터진다.

4화 한 젓가락 더! (p. 184)

1 (1) - ② (2) - ①

2 악어의 눈물

3 (1) 뜨거운 감자 (2) 아킬레스건
(3) 판도라의 상자 (4) 멘토
(5) 유레카

4 로마는 하루아침에 이루어지지 않았다

5 ❶ 내 사전에 불가능은 없다
② 눈에는 눈 이에는 이
③ 시간은 돈이다
④ 큐피드의 화살

1화 (p. 10)

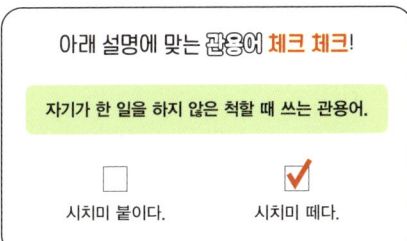

2화 (p. 54)

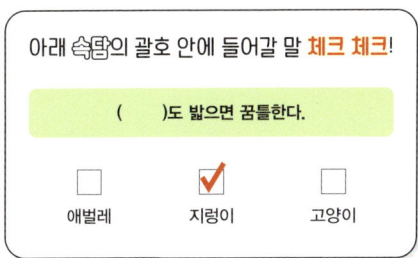

3화 (p. 98)

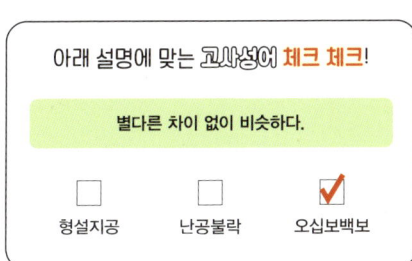

4화 (p. 142)

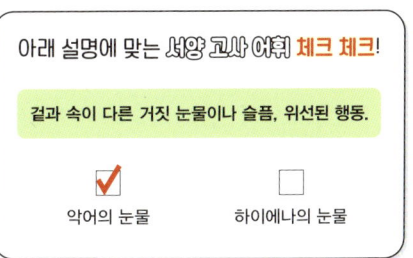

<속담·관용어·고사성어 천재라면> Quiz 워크북은 본책 구성에 따라 '관용어-속담-고사성어-서양 고사 어휘'를 차례로 소개하고 있습니다. 함께 알아두면 좋을 어휘와 표현까지 총 226개를 언제 어디서나 재미있게 공부할 수 있습니다.

콸콸 관용어 채우기
본책 12~51쪽

1 비행기 태우다

상대방을 실제보다 지나치게 칭찬하거나 높이 추켜올려 주다.

 마치 비행기를 타고 하늘로 붕 떠오르는 것처럼 기분을 들뜨게 만든다는 뜻이야.

2 첫 단추 끼우다

새로운 일을 시작한다는 뜻. 첫 단추를 잘 끼워야 옷 모양이 잘 맞듯이 일의 시작이 중요함을 강조한다.

 비슷한 관용어로 '첫발을 떼다'도 있어!

물건과 관련된 **관용어**

ㄱ ㅁ 을 벗다 거짓으로 꾸민 모습을 버리고 정체를 드러내다.

ㅎ ㄹ ㄸ 를 졸라매다 ①검소한 생활을 하다. ②마음먹은 일을 이루려고 새로운 결의와 단단한 각오로 일에 임하다. ③배고픔을 참다.

쐐기를 박다 뒤탈이 없도록 미리 단단히 다짐을 두다.

3 칼을 갈다

어떤 일을 이루기 위해 독한 마음을 먹고 철저히 준비하다.

칼과 관련된 **관용어**

칼을 빼 들다 어떤 일을 해결하려 하다.

 말리지 마, 나 정말 칼을 갈았으니까!

 정말로 칼을 빼 들지 지켜보겠어!

칼과 관련된 **속담**

칼로 물 베기 다투었다가도 시간이 조금 지나 곧 사이가 다시 좋아지는 경우를 비유적으로 이르는 말.

 아무리 칼로 물을 베어도 나눠지지 않는 것처럼, 가까운 사이의 다툼은 오래가지 않고 결국 해결된다는 뜻이야.

4 시치미 떼다

자기가 하고도 하지 않은 체하거나 알고 있으면서도 모르는 체하다.

5 색안경 끼고 보다

한쪽으로 치우친 생각이나 마음을 가지고 좋지 않게 보다.

> 색안경(선글라스)을 끼면 실제와 다른 색으로 보이지? 이처럼 색안경을 끼고 어떤 사람이나 사건을 바라보면 객관적이고 공정한 판단을 할 수 없게 돼.

6 뒤통수 맞다

믿었던 사람에게 배신당하거나 예상하지 못한 일을 당했을 때 쓰는 표현이다.

반대 관용어

뒤통수 때리다 내가 누군가를 배신해 믿음을 저버렸을 때 쓰는 관용어로 '뒤통수 맞다'의 반대말이다.

7 도마 위에 오르다

어떤 인물이나 사건이 비판의 대상이 되거나 문제의 중심에 서는 상황. 주로 좋지 않은 일로 남의 입에 오르내릴 때 쓴다.

> 도마 위에 올라 꼼짝없이 손질되는 생선과 상황이 비슷하게 느껴져서 이런 말이 생겼나 봐.

8 마음 졸이다

걱정하거나 불안해서 마음이 편하지 않다.

마음과 관련된 관용어

마음에 두다 잊지 아니하고 마음속에 새겨 두다.

마음(을) 붙이다 어떤 것에 마음을 자리 잡게 하거나 전념하다.

마음에 없다 무엇을 하거나 가지고 싶은 생각이 없다.

마음에 차다 마음에 흡족하게 여기다.

마음을 삭이다 맺히거나 격한 감정을 가라앉히다.

마음을 썩이다 몹시 괴로워하다.

마음이 ㅌ ㅎ ㄷ 서로 생각이 같아 이해가 잘되다.

마음이 풀리다 ①마음속에 맺히거나 틀어졌던 것이 없어지다. ②긴장하였던 마음이 누그러지다.

9 귀가 얇다

남의 말을 쉽게 받아들인다.

귀는 듣는 기능을 하는 감각 기관이야. 종이가 얇으면 약한 바람에도 흔들리듯이 귀가 얇으면 다른 사람 말에 잘 넘어가게 돼.

귀와 관련된 **관용어**

귀가 번쩍 뜨이다 들리는 말에 선뜻 마음이 끌리다.

귀가 가렵다 남이 제 말을 한다고 느끼다.

귀에 못이 박히다 같은 말을 너무 여러 번 들어 듣기 싫을 정도로 지겹다.

귀에 딱지가 앉다 같은 말을 여러 번 듣다.

귀에 걸면 귀걸이 코에 걸면 ㅋ ㄱ ㅇ ①어떤 원칙이 정해져 있는 것이 아니라 둘러대기에 따라 이렇게도 되고 저렇게도 될 수 있음을 비유적으로 이르는 말. ②어떤 사물은 보는 관점에 따라 이렇게도 될 수 있고 저렇게도 될 수 있음을 비유적으로 이르는 말이다.

10 엉덩이가 무겁다

한번 자리를 잡고 앉으면 좀처럼 일어나지 않는다.

자리를 잘 떠나지 않고, 끈기 있게 노력하는 사람을 칭찬할 때 쓰지. 그런데 행동이 느리고 게을러 움직이지 않을 때도 똑같은 말을 쓰니까 주의해야 한단다.

엉덩이와 관련된 **관용어**

엉덩이가 ㄱ ㅂ ㄷ 한자리에 오래 머물지 못하고 금방 자리를 뜨는 사람이나 상황을 뜻한다.

엉덩이가 근질근질하다 한군데 가만히 앉아 있지 못하고 자꾸 일어나 움직이고 싶어 하다.

엉덩이를 들썩이다 자리에 앉아 있다가 불안하거나 불편하여 몸을 움직이는 모습, 또는 어떤 일이 흥미진진해서 곧 행동에 나설 것처럼 몸을 움직이는 것을 말한다.

엉덩이를 붙이다 자리를 잡고 앉다.

11 손이 크다

①씀씀이가 후하고 크다. ②수단이 좋고 많다.

실제로 손이 크다는 뜻이 아니니 주의해!

손과 관련된 **관용어**

손이 ㅈ ㄷ ①물건이나 재물의 씀씀이가 깐깐하고 작다. ②수단이 적다.

손(에) 익다 일이 손에 익숙해지다.

손(을) 내밀다 ①무엇을 달라고 요구하거나 구걸하다. ②도움, 간섭 따위의 행위가 어떤 곳에 미치게 하다. ③친하려고 나서다.

손을 ㄸ ㄷ ①하던 일을 그만두다. ②하던 일을 끝마치고 다시 손대지 않다.

손(을) 벌리다 무엇을 달라고 요구하거나 구걸하다.

손(을) 씻다[털다] ①부정적인 일이나 찜찜한 일에 대하여 관계를 청산하다. ②본전을 모두 잃다.

손이 맵다 ①손으로 슬쩍 때려도 몹시 아프다. ②일하는 것이 빈틈없고 매우 야무지다.

손(이) 빠르다 일 처리가 빠르다. '손(이) 재다'라고도 한다.

손이 닿다 ①힘이나 능력이 미치다. ②연결이 되거나 관계가 맺어지다.

손에 ㄸ 을 쥐다 아슬아슬하여 마음이 조마조마하도록 몹시 애달다.

손과 관련된 **속담**

손 안 대고 코 풀기 손조차 사용하지 아니하고 코를 푼다는 뜻으로, 일을 힘 안 들이고 아주 쉽게 해치움을 비유적으로 이르는 말이다.

12 발을 빼다

어떤 일에서 완전히 빠져나오다.

발과 관련된 **관용어**

발 벗고 나서다 어떤 일에 적극적으로 참여하다.

발이 ㄴ ㄷ 아는 사람이 많고 넓게 활동하다.

발을 뻗다 발을 쭉 뻗고 쉴 만큼, 걱정되거나 애쓰던 일이 끝나 마음을 놓다.

발(을) 뻗고[펴고] 자다 마음 놓고 편히 자다. '다리(를) 뻗고[펴고] 자다'도 같은 뜻이다.

발(을) ㄱ ㄹ ㄷ 매우 안타까워하거나 다급해하다.

발(을) 끊다 오가지 않거나 관계를 끊다. '발그림자도 끊다'도 같은 뜻이다.

발(을) 디디다 단체에 들어가거나 일의 계통에 참여하다.

발(을) 디딜 틈이 없다 복작거리어 혼잡스럽다.

발(이) 묶이다 몸을 움직일 수 없거나 활동할 수 없는 형편이 되다.

발이 잦다 어떤 곳에 자주 다니다.

발이 떨어지지 않다 애착, 미련, 근심, 걱정 따위로 마음이 놓이지 아니하여 선뜻 떠날 수가 없다.

발이 ㅅ 이 되도록 빌다 손만으로는 부족하여 발까지 동원할 정도로 간절히 빌다.

발과 관련된 속담

발 뻗을 자리를 보고 누우랬다 ①어떤 일을 할 때 그 결과가 어떻게 되리라는 것을 생각하여 미리 살피고 일을 시작하라는 말. ②시간과 장소를 가려 행동하라는 말.

ㅂ 없는 말이 천 리 간다 말은 비록 발이 없지만 천 리 밖까지도 순식간에 퍼진다는 뜻으로, 말을 삼가야 함을 비유적으로 이르는 말이다.

13 무릎을 맞대다

서로 가까이 마주 앉다. '무릎을 마주하다'도 같은 뜻이다.

무릎과 관련된 관용어

무릎을 치다 갑자기 어떤 사실을 알게 되거나, 좋은 생각이 떠올라 무릎을 탁 치다.

무릎을 ㄲ ㄷ 항복하거나 패배를 인정하다.

무릎을 꿇리다 힘이나 능력으로 남을 누르다.

14 바가지 쓰다

요금이나 물건값을 실제 가격보다 비싸게 치러서 억울한 손해를 보다.

흔히 바가지에 물을 담잖아. 근데 그걸 머리에 쓰면 어떻게 되겠어? 홀딱 젖어 괜히 손해를 보겠지? 이처럼 물건을 실제보다 비싸게 사 손해를 보았을 때 '바가지 쓰다'라고 표현해.

바가지와 관련된 관용어

바가지(를) 씌우다 요금이나 물건 값을 실제 가격보다 비싸게 치르게 해 억울한 손해를 보게 하다.

바가지(를) 긁다 생활의 어려움에서 오는 불평과 잔소리를 심하게 하다.

바가지(를) 차다 거지가 되다. '쪽박(을) 차다'도 같은 표현이다.

15 꼬리를 밟다

뒤를 밟다.

꼬리와 관련된 관용어

꼬리가 길다 못된 짓을 오래 두고 계속하다.

 꼬리가 길면 잡히는 법이지!

꼬리[를] 밟히다 행적을 들키다.

꼬리[를] 감추다 자취를 감추다.

꼬리[를] 내리다 상대편에게 기세가 꺾여 물러서거나 움츠러들다.

꼬리[를] 물다 계속 이어지다.

 꼬리에 꼬리를 물고 어휘 공부를 계속해 볼까?

16 간이 붓다

어떤 일에 겁 없이 달려들다. 비슷한 상황에서 '간이 크다'를, 반대 상황에서 '간이 작다'를 쓸 수 있다.

간과 관련된 관용어

간이 조마조마하다 마음이 초조하고 불안하다.

간이 떨어지다 순간적으로 몹시 놀라다. '간담이 내려앉다', '간담이 서늘하다', '간이 서늘하다' 모두 같은 뜻이다.

간이 ㅋㅇ만 해지다 몹시 두려워지거나 무서워지다.

간에 차지 않다 먹은 것이 너무 적어 먹으나 마나 하다. 마음에 흡족히 여겨지지 않다.

 우리말에서 간은 속마음, 용기 등을 나타내기도 해.

 신기하다. 신체 부위를 가리키는 말로

이루어진 관용 표현이 참 많구나!

17 눈에 넣어도 아프지 않다

무엇을 매우 소중히 귀엽게 여긴다.

눈과 관련된 관용어

눈에 차다 무엇이 마음에 들어 만족하다.

눈에 나다 신임을 잃고 미움을 받게 되다. '눈 밖에 나다'도 같은 표현이다.

눈이 높다 어느 정도 이상의 좋은 것만 찾다.

눈이 ㄴ ㄷ 보는 수준이 높지 않다.

눈 깜짝할 사이 매우 짧은 순간.

눈(을) 씻고 보다 정신을 바짝 차리고 집중하여 보다.

눈(을) 속이다 잠시 수단을 써서 보는 사람이 속아 넘어가게 하다.

눈(을) 맞추다 서로 눈을 마주 보다.

눈에 불을 ㅋ ㄷ ①몹시 욕심을 내거나 관심을 기울이다. ②화가 나서 눈을 부릅뜨다.

눈과 관련된 속담

눈 가리고 아웅 ①얕은수로 남을 속이려 한다는 말. ②실제로 보람도 없을 일을 공연히 형식적으로 하는 체하며 부질없는 짓을 함을 비유적으로 이르는 말이다.

'아웅'은 얼굴을 손으로 가리고 있다가 손을 떼면서 어린아이를 어르는 소리를 말해.

18 콧대 높다

잘난 체하고 뽐내는 태도가 있다.

콧대와 관련된 관용어

콧대를 ㄲ ㄷ 상대방의 자존심을 꺾어 기를 죽이다.

콧대(를) 낮추다 자신의 자만심이나 자존심을 한풀 꺾다.

19 죽도 밥도 안 되다

어중간하여 이것도 저것도 안 되다.

죽과 관련된 관용어

죽이 되든 ㅂ 이 되든 일이 제대로 되든지 안 되든지 어쨌든.

죽을 ㅆ ㄷ 어떤 일을 망치거나 실패하다.

죽과 관련된 속담

죽 쑤어 개 준다 애써 한 일을 남에게 빼앗기거나, 엉뚱한 사람에게 이로운 일을 한 결과가 되었음을 이르는 말이다.

20 입(을) 다물다

말을 하지 아니하거나 하던 말을 그치다.

입과 관련된 관용어

입(을) 막다 시끄러운 소리나 자기에게 불리한 말을 하지 못하게 하다.

입(을) 맞추다 서로의 말이 일치하도록 하다.

입(을) 모으다 여러 사람이 같은 의견을 말하다.

입(을) 씻다[닦다] 이익 따위를 혼자 차지하거나 가로채고서는 시치미를 떼다.

입만 ㅅ ㄷ 말에 따르는 행동은 없으면서 말만 그럴듯하게 잘하다.

입만 아프다 여러 번 말하여도 받아들이지 아니하여 말한 보람이 없다.

입에 거미줄 치다 가난하여 먹지 못하고 오랫동안 굶다.

입에 게거품을[거품을] 물다 몹시 흥분하여 떠들어 대는 경우를 이르는 말이다.

입에 달고 다니다 말이나 이야기 따위를 습관처럼 되풀이하거나 자주 사용하다. 먹을 것을 쉴 새 없이 입에서 떼지 아니하고 지내다.

입에 담다 무엇에 대해 말하다.

입에 발리다 남의 비위를 맞추기 위해 아부하다.

입에 붙다 아주 익숙하여 버릇이 되다.

입에 ㅊ 이 마르다 다른 사람이나 물건에 대하여 거듭해서 말하다. '침이 마르다', '입이 닳다'도 같은 뜻이다.

입을 딱 벌리다 너무 기가 막혀 어이가 없어 하거나 매우 놀라워하다.

입을 틀어막다 시끄러운 소리나 자기에게 불리한 말을 하지 못하게 억제하다.

입이 궁금하다 배가 출출하여 무엇이 먹고 싶다. '입이 심심하다'도 같은 뜻이다.

입이 귀밑까지 찢어지다 기쁘거나 즐거워 입이 크게 벌어지다.

입이 떨어지다 입에서 말이 나오다. '말문이 떨어지다'도 같은 뜻이다.

입이 쓰다 어떤 일이나 말 따위가 못마땅하여 기분이 언짢다. '입안이 쓰다'도 같은 뜻이다.

입과 관련된 **속담**

입이 포도청 먹고살기 위하여, 해서는 안 될 짓까지 하지 않을 수 없음을 이르는 말이다. '목구멍이 포도청'도 같은 뜻으로, 조선 시대 굶주린 백성들이 포도청(경찰서)에 끌려가도 배고픔을 해결하기 위해 물건을 훔치기까지 했다는 이야기에서 이런 말이 생겨났다고 한다.

정답
p2. **가면을 벗다** / **허리띠를 졸라매다**
p3. **마음이 통하다**
p4. 귀에 걸면 귀걸이 코에 걸면 **코걸이** / 엉덩이가 **가볍다**
p5. **손이 작다** / **손을 떼다** / **손에 땀을 쥐다** / **발이 넓다**
p6. **발을 구르다** / 발이 손이 되도록 빌다 / 발 없는 말이 천 리 간다 / **무릎을 꿇다**
p7. 간이 **콩알**만 해지다
p8. **눈이 낮다** / **눈에 불을 켜다** / **콧대를 꺾다**
p9. **죽이 되든 밥이 되든** / **죽을 쑤다** / **입만 살다** / **입에 침이 마르다**

팔팔 속담 끓이기

본책 56~95쪽

1 불난 집에 부채질한다

불난 데 부채질을 하면 불이 더 활활 타오른다. 이처럼 화가 나거나 어려운 상황에 놓인 사람을 부추겨 문제를 더 크게 만드는 경우를 가리킨다.

 불난 집에 부채질하면 안 돼!

 난 부채 없어서 괜찮아.

비슷한 속담

끓는 국에 국자 휘젓는다 이미 끓고 있는 국에 국자를 휘저으면 국물이 더욱 끓어 넘치는 것처럼, 좋지 않은 상황을 더욱 악화시키는 행동을 뜻한다.

불난 데 풀무질한다 남의 재앙을 점점 더 커지도록 만들거나 성난 사람을 더욱 성나게 함을 비유적으로 이르는 말.

 풀무질은 풀무(불을 피울 때 바람을 일으키는 기구)로 바람을 일으키는 일을 뜻해.

2 고래 싸움에 ㅅㅇ 등 터진다

강한 사람들이 서로 싸우는 바람에 아무 상관도 없는 약한 사람이 중간에 끼어 피해를 볼 때 쓰는 말이다.

 고래 싸움 때문에 나만 억울하게 피해 봤잖아!

3 낫 놓고 기역 자도 모른다

낫은 풀이나 곡식을 베는 도구인데, 기역(ㄱ) 자 모양으로 생겼다. 기역 자 모양으로 생긴 낫을 보면서도 기역 자를 모를 만큼 매우 무식하다는 뜻이다.

비슷한 속담

가갸 뒤 자도 모른다 글자를 전혀 깨치지 못할 정도로 아주 무식함을 비유적으로 이르는 말이다.

 낫 놓고 기역 자도 모르던 내 올챙이 시절이 부끄러워.

4 산 넘어 산

말 그대로 산을 넘으니 앞에 또 산이 있다는 뜻이다. 나아갈수록 점점 어려운 상황에 부딪힐 때 쓰인다.

비슷한 속담
갈수록 태산 태산은 아주 높고 큰 산을 뜻한다. 무슨 일을 해 갈수록 점점 더 어려운 상황에 맞닥뜨린다는 의미이다.

엎친 데 덮친 격 어려운 일이나 나쁜 일이 겹치어 일어나는 것을 뜻한다.

비슷한 고사성어
설상가상(雪上加霜) 눈 위에 서리가 덮인다는 뜻으로, 난처한 일이나 불행한 일이 잇따라 일어남을 이르는 말이다.

첩첩산중(疊疊山中) 겹겹이 쌓인 산속이라는 뜻으로, 길이 험하고 멀어서 가도 가도 끝이 보이지 않는 어려움이 계속되는 상황을 말한다.

5 윗물이 맑아야 아랫물도 맑다

물은 높은 곳에서 낮은 곳으로 흐른다. 따라서 윗물이 맑으면 아랫물도 맑고, 윗물이 흐리면 아랫물도 흐린 법이다. '윗물이 맑아야 아랫물도 맑다'는 윗사람이 바르게 행동해야 아랫사람도 보고 배워 바르게 행동한다는 뜻이다.

윗물인 내가 잘해야 아랫물인 삼각김밥도 잘하지!

6 미운 아이 떡 하나 더 준다

미울수록 더 잘해 주어야 미운 마음이 줄고, 사이가 엇나가지 않는다는 뜻이다.

부셔부셔, 넌 특별히 삼각김밥보다 떡 하나 더 줄게!

반대 속담
예쁜 자식 매로 키운다 사랑할수록 바르게 자라길 바라는 마음에서 엄하게 키워야 한다는 뜻이다.

7 천 리 길도 한 걸음부터

천 리는 400킬로미터 정도의 거리로 엄청나게 멀지만 처음 한 걸음을 떼 계속 가다 보면 언젠가는 끝에 닿기 마련이다. 갈 길이 멀든 가깝든 맨 처음 한 걸음을 떼지 않으면 아예 나아갈 수 없기에 무슨 일이든 시작하는 것이 중요하다는 뜻이다.

천 리 길도 한 걸음부터 시작이라고! 무슨 일이든지 시작하는 게 중요해!

비슷한 속담
시작이 반이다 시작이 어려워 보일지라도 일단 시작하면 끝을 맺기에는 그리 어렵지 않다는 것을 이르는 속담이다.

ㅎ ㄹ ㅇ **굴에 가야 호랑이 새끼를 잡는다** 뜻하는 성과를 얻으려면 그에 마땅한 일을 하여야 함을 비유적으로 이르는 말이다. 노력, 실천, 도전의 중요성을 강조한다.

비슷한 고사성어
등고자비(登高自卑) 높은 곳에 오르려면 낮은 곳에서부터 오른다는 뜻으로, 일을 순서대로 하여야 함을 이르는 말.

8 낮말은 새가 듣고 밤말은 쥐가 듣는다

말은 언제나 새어 나가기 쉬우니 늘 조심해야 한다.

낮말은 새가 듣고 밤말은 쥐가 들으니까, 자나 깨나 말조심! 특히 부셔부셔 조심!

9 바늘 도둑이 소도둑 된다

작은 바늘을 훔치다가 결국에는 큰 소까지 훔친다는 말로, 작은 나쁜 짓도 자꾸 해 버릇하면 나중에는 큰 죄를 저지르게 된다.

바늘과 관련된 속담
바늘 가는 데 실 간다 바늘이 가는 데 실이 항상 뒤따른다는 뜻으로, 사람의 긴밀한 관계를 비유적으로 이르는 말.

바늘로 찔러도 피 한 방울 안 난다 인정이 너무 메말라서 아무리 어려운 상황에 처해도 동정심이나 연민의 감정을 전혀 보이지 않는 사람을 비유적으로 이르는 말.

10 소 잃고 외양간 고친다

소를 도둑맞은 다음에야 빈 외양간의 허물어진 데를 고치느라 수선을 떤다는 뜻으로, 일이 이미 잘못된 뒤에는 손을 써도 소용이 없음을 비꼬는 말.

비슷한 속담
도둑맞고 사립 고친다 도둑을 맞은 후에야 비로소 사립문(나뭇가지를 엮어 만든 문)을 고친다는 뜻으로, 손해를 본 뒤에야 뒤늦게 대비함을 비유하는 말.

호미로 막을 것을 가래로 막는다 작은 노력으로 미리 막을 수 있었던 일을 때를 놓쳐 나중에 훨씬 더 큰 노력과 비용을 들여 해결하게 됨을 뜻한다.

비슷한 **고사성어**
사후약방문(死後藥方文) 죽은 후에 약방문을 쓴다는 뜻으로, 때를 놓쳐 소용이 없게 됨을 이르는 말이다.

11 ㄷ ㅈ **밑이 어둡다**

가까이 있는 물건 또는 사람을 알아보지 못하거나 찾지 못한다.

등잔 밑이 어두운 법! 무언가를 찾을 땐 가까운 곳부터 먼저 찾아보자! 근데 내 과자가 어디 갔지?

비슷한 **속담**
등잔 뒤가 밝다 가까이서보다는 조금 떨어져 보는 편이 상황을 더 잘 파악할 수 있다는 말.

12 ㅈ ㄹ ㅇ **도 밟으면 꿈틀한다**

아무리 순하고 착한 사람이라도 지나치게 업신여기면 가만있지 않는다.

그러니까 아무리 얌전하고 착한 친구라도 놀리거나 과하게 장난치면 안 돼! 그러다 싸움 나~.

비슷한 **속담**
쥐도 궁지에 몰리면 ㄱ ㅇ ㅇ **를 문다** 아무리 약한 자라도 궁지에 몰리면 힘을 다해 강적에게 대항한다는 뜻이다.

13 열 번 찍어 안 넘어가는 ㄴ ㅁ **없다**

①안 될 것 같던 일도 여러 번 노력하면 결국 이루어진다.
②아무리 뜻이 굳은 사람이라도 여러 번 권하고 꾀고 달래면 결국 마음을 바꾼다.

그렇다고 다른 사람에게 무작정 계속 권하기만 하면 안 돼! 그 사람이 싫어할 수 있거든.

비슷한 **속담**
무쇠도 갈면 바늘 된다 아무리 단단한 쇠라도 꾸준히 갈면 바늘처럼 뾰족하게 만들 수 있다는 뜻으로, 아무리 어려운 일이라도 꾸준히 노력하면 이룰 수 있다는 말.

비슷한 **고사성어**
우공이산(愚公移山) 우공이 산을

옮긴다는 뜻으로, 어떤 일이든 끊임없이 노력하면 반드시 이루어짐을 이르는 말. 우공(愚公)이라는 노인이 집을 가로막은 산을 옮기려고 대대로 산의 흙을 파서 나르겠다고 하여 이에 감동한 하느님이 산을 옮겨 주었다는 데서 유래한다.

14 콩 심은 데 콩 나고, 팥 심은 데 팥 난다

모든 일은 원인에 따라 거기에 걸맞은 결과가 나타나는 것임을 비유적으로 이르는 말.

비슷한 속담
뿌린 대로 ㄱㄷㄷ 어떤 씨앗을 뿌렸느냐에 따라 그 열매를 거둔다는 뜻으로, 자신의 행동에 따라 결과를 얻게 됨을 말한다.

비슷한 고사성어
인과응보(因果應報) 지은 원인에 따라 그에 합당한 결과가 나타난다.

15 내 코가 석 자

내 사정이 급하고 어려워서 남을 돌볼 여유가 없을 때 쓰는 속담.

'자'는 옛날에 길이를 나타낼 때 쓰던 단위로, 한 자가 약 30.3센티미터니까, 석 자면 90센티미터가 넘는 길이이다. 콧물 닦을 시간도 없어서 코가 길게 늘어졌기에 누구를 돌볼 여유가 없다는 뜻이다.

 정말 다른 일을 할 수 없을 정도로 급한 일이 있었다고. 너희도 0점 한번 맞아 보면 알게 될 거야.

16 ㄷㄷㄹ도 두들겨 보고 건너라

잘 아는 일이라도 주의를 기울여야 실수하지 않는다.

 아는 문제라도 대충 풀면 틀리는 거 알지?

 난 다 모르니까 그럴 걱정 없어!

비슷한 속담
아는 길도 물어 가랬다 잘 아는 일이라도 세심하게 주의를 하라는 말. '얕은 내도 깊게 건너라'도 같은 뜻을 가진 속담이다.

17 개구리 ㅇㅊㅇ 적 생각 못 한다

형편이나 사정이 전에 비하여 나아진 사람이 지난날의 어렵던 때의 일을 생각지 아니하고 처음부터 잘난 듯이 뽐냄을 비유적으로 이르는 말.

역시 사람은 늘 겸손해야 해. 바로 나처럼? 헤헤.

18 가는 말이 고와야 오는 말이 곱다

내 말이나 행동이 좋아야 다른 사람도 나에게 좋게 대한다.

일단 나부터 먼저 가는 말과 행동을 곱게 해 보자!

비슷한 속담

엑 하면 떡 한다 자기가 남에게 말이나 행동을 좋게 하여야 남도 자기에게 좋게 한다는 말.

19 ⬜티 ⬜끄 모아 태산

아무리 작은 것이라도 모이면 큰 것이 된다.

비슷한 속담

모래알도 모으면 산이 된다 아무리 작은 것이라도 모이고 모이면 나중에 큰 덩어리가 됨을 비유적으로 이르는 말. '실도랑 모여 대동강이 된다'도 같은 뜻을 가진 속담이다.

반대 속담

밑 빠진 독에 물 붓기 아무리 노력해도 보람 없이 헛수고만 한다는 뜻. '티끌 모아 태산'이 작은 것이 쌓여 큰 결과가 되는 긍정적인 과정을 나타낸다면, '밑 빠진 독에 물 붓기'는 노력이나 자원이 계속 투입되어도 아무런 결실을 맺지 못하는 부정적인 상황을 보여 준다.

20 하늘이 무너져도 솟아날 구멍이 있다

어려운 일이 생기더라도, 그 일을 해결할 방법은 있다는 뜻이다.

비슷한 속담

죽을 수가 닥치면 살 수가 생긴다 아무리 어려운 경우에 처하더라도 살아 나갈 방도가 생긴다는 말.

정답
11p. 고래 싸움에 새우 등 터진다
13p. 호랑이 굴에 가야 호랑이 새끼를 잡는다.
14p. 등잔 밑이 어둡다 / 지렁이도 밟으면 꿈틀한다 / 쥐도 궁지에 몰리면 고양이를 문다 / 열 번 찍어 안 넘어가는 나무 없다
15p. 뿌린 대로 거둔다 / 돌다리도 두들겨 보고 건너라 / 개구리 올챙이 적 생각 못 한다
16p. 티끌 모아 태산

솔솔 고사성어 뿌리기

본책 100~139쪽

1 호시탐탐

虎 視 眈 眈
범호 볼시 노려볼탐 노려볼탐

호랑이(범)가 눈을 부릅뜨고 먹이를 노려본다는 뜻이다. 남의 것을 빼앗기 위하여 주변을 살피며 가만히 기회를 엿볼 때, 또는 어떤 일을 지켜보면서 내게 알맞은 기회를 노릴 때 쓴다.

비슷한 관용어
눈독을 들이다 어떤 것을 몹시 가지고 싶어 하여 욕심을 내어 눈여겨보는 것을 뜻한다.

2 좌우명

座 右 銘
자리좌 오른쪽우 새길명

좌우명은 늘 자리 옆에 갖추어 두고 가르침으로 삼는 말이다. 옛날 중국의 학자 최원은 자신의 잘못을 스스로 바로잡기 위해 글을 지어 쇠붙이에 새긴 뒤 자리 오른쪽에 두고 매일 읽으며 마음을 다잡았다고 한다.

3 오십보백보

五 十 步 百 步
다섯오 열십 걸음보 일백백 걸음보

조금 낫고 못한 정도의 차이는 있으나 본질적으로는 차이가 없음을 이르는 말. 전쟁에 패하여 어떤 자는 백 보를, 또 어떤 자는 오십 보를 도망했다면, 백 보를 물러간 사람이나 오십 보를 물러간 사람이나 도망한 것에는 차이가 없다고 말한 데서 유래한다.

 너와 나의 실력은 오십보백보야.

 응? 두 배 차이라고?

4 다다익선

多 多 益 善
많을다 많을다 더할익 좋을선

많으면 많을수록 더욱 좋음. 중국 한나라의 장수 한신이 고조와 장수의 역량에 대하여 얘기할 때,

고조는 10만 정도의 병사를 지휘할 수 있는 그릇이지만, 자신은 병사의 수가 많을수록 잘 지휘할 수 있다고 말한 데서 유래한다.

5 난공불락

難 攻 不 落
어려울 난 · 칠 공 · 아닐 불 · 떨어질 락

공격하기가 어려워 쉽사리 함락되지 아니함.

함께라면 팀은 편의점 팀에게 난공불락이지.

| ㅎ | 락 적의 성, 요새, 진지 따위를 공격하여 무너뜨림.

비슷한 어휘
철옹성 쇠로 만든 독처럼 튼튼하게 둘러쌓은 산성이라는 뜻으로, 방비나 단결 따위가 견고한 사물이나 상태를 이르는 말.

6 형설지공

螢 雪 之 功
반딧불이 형 · 눈 설 · 어조사 지 · 공 공

반딧불이·눈과 함께 하는 노력이라는 뜻으로, 고생을 하면서 부지런하고 꾸준하게 공부하는 자세를 이르는 말. 중국 진나라 차윤이 반딧불이를 모아 그 빛으로 글을 읽고, 손강이 가난하여 겨울밤에는 눈빛에 비추어 글을 읽었다는 이야기에서 유래한다.

비슷한 고사성어
주경야독(晝耕夜讀) 낮에는 밭을 갈고 밤에는 글을 읽는다는 뜻. 어려운 환경 속에서도 틈틈이 학문에 힘쓰는 고생과 노력을 나타낸다.

위편삼절(韋編三絕) 공자가 주역을 즐겨 읽어 책을 엮은 가죽끈이 세 번이나 끊어졌다는 뜻으로, 책을 열심히 읽음을 이르는 말.

| ㄱ | ㅈ | 중국 춘추 시대의 사상가이자 학자. 남을 사랑하고 어질게 행동하는 것을 정치와 윤리의 기본으로 하는 도덕주의를 강조했다.

7 백문이 불여일견

百 聞이 不 如 一 見
일백 백 · 들을 문 · 아닐 불 · 같을 여 · 하나 일 · 볼 견

백 번 듣는 것보다 한 번 보는 것이 낫다는 말이다. 무엇이든 직접 경험해야 제대로 알 수 있다는 의

미를 담고 있다.

 여러 번 듣는 것보다 한 번 직접 보는 게 좋을 때가 있지!

8 조삼모사

朝 三 暮 四
아침조 석삼 저물모 넉사

아침에 세 개, 저녁에 네 개를 뜻한다. 먹이를 아침에 세 개, 저녁에 네 개 준다는 말에 화를 내던 원숭이들이 아침에 네 개, 저녁에 세 개를 준다고 하니 좋아했다는 데서 나온 말이다. 눈앞의 이익만 따져 그 결과나 전체를 보지 못하는 어리석은 상황에 쓴다.

9 천고마비

天 高 馬 肥
하늘천 높을고 말마 살찔비

하늘은 높고 말은 살찐다라는 뜻으로, 날씨가 매우 좋은 가을을 의미한다. 맑고 푸른 하늘 아래 온갖 곡식이 풍성하게 익어 가는 가을의 풍요로움과 여유로움을 나타낸다.

 가을은 천고마비의 계절! 그리고 독서의 계절이지!

10 계륵

鷄 肋
닭계 갈빗대륵

닭의 갈비라는 뜻으로, 큰 가치는 없지만 버리기에는 아까운 것을 가리킨다. 닭의 갈비는 살이 적어 별로 먹을 게 없지만 버리기는 또 아깝다고 하여 이런 말이 생겼다.

비슷한 어휘
애물단지 아끼는 물건이지만 실제로는 골칫거리가 되어 애를 먹이는 대상을 뜻한다.

11 설상가상

雪 上 加 霜
눈설 위상 더할가 서리상

눈 위에 서리가 더해진다는 뜻이다. 서리는 공기 속 물방울이 얼어붙어 생기는 가루 모양 얼음인데, 한겨울 눈 위에 서리까지 덮이는 것처럼 나쁜 일이 거듭 겹치는 상황에서 쓴다.

 배 터지도록 먹었는데, 또 디저트를 먹어야 하다니. 완전 설상가상이네.

 응? 그건 좋은 거 아니야?

비슷한 속담
엎친 데 덮친 격 넘어져서 힘든 상

황인데 그 위에 무언가가 덮쳐 또 다른 어려움이 생겼다는 뜻이다.

12 역지사지

易 地 思 之
바꿀역 땅지 생각사 어조사지

입장이나 처지를 바꾸어서 생각해 본다는 뜻이다. 상대방의 입장에서 생각하고 이해하려는 태도를 강조하는 말이다.

반대 고사성어
아전인수(我田引水) 자기 논에 물 대기라는 뜻으로, 자기에게 유리하게만 생각하거나 행동한다는 의미이다. 다른 사람의 처지는 아랑곳하지 않고 오직 자신의 이익이나 주장을 내세울 때 쓴다.

처ㅣ지 처하여 있는 사정이나 형편.

13 마이동풍

馬 耳 東 風
말마 귀이 동녘동 바람풍

동쪽에서 불어오는 봄바람이 말의 귀를 스쳐 간다는 뜻으로, 남의 말을 귀담아듣지 않고 넘겨 버릴 때 쓴다.

 순한맛이 할아버지 말씀을 마이동풍으로 흘려듣지 않고 공부해서 실력이 많이 늘었어.

비슷한 속담
쇠귀에 경 읽기 소에게 아무리 좋은 경전을 읽어 주어도 소는 그 뜻을 알지 못한다는 뜻으로, 아무리 가르쳐 주어도 알아듣지 못하거나 소용없을 때 쓴다.

경 옛 성현들이 유교의 사상과 교리를 써 놓은 책.

14 새옹지마

塞 翁 之 馬
변방새 늙은이옹 어조사지 말마

변방 늙은이의 말이라는 뜻으로, 좋고 나쁜 운은 항상 바뀌므로 앞일이 어떨지는 미리 알 수 없다는 의미를 담고 있다.

새옹지마의 교훈
일희일비(一喜一悲)하지 마라 좋은 일에도 너무 기뻐하지 말고, 나쁜 일에도 너무 슬퍼하지 말라는 뜻이다. 인생의 좋고 나쁨은 언제든 바뀔 수 있기 때문이다.

15 일취월장

日 就 月 將
날일 이룰취 달월 나아갈장

날마다 이루고 달마다 나아간다는 뜻으로, 나날이 다달이 자라거나 발전하는 상황에서 쓴다. 시간이 갈수록 학문이나 기술, 실력 등이 끊임없이 발전하고 향상되는 모습을 의미한다.

 천재라면 시리즈를 읽으면 어휘 실력이 일취월장할 거야!

16 용두사미

龍 頭 蛇 尾
용용(룡) 머리두 뱀사 꼬리미

용의 머리에 뱀의 꼬리라는 뜻으로, 시작은 좋았지만 끝은 흐지부지되는 것을 말한다.

 처음엔 재미있었는데 결말이 시시한 영화가 바로 용두사미!

 천재라면 시리즈는 용두용미지!

비슷한 고사성어

작심ㅅㅇ(作心三日) 결심한 마음이 사흘을 가지 못한다는 뜻으로, 용두사미처럼 시작은 좋았으나 흐지부지 끝나는 경우에 쓴다.

17 화룡점정

畫 龍 點 睛
그림화 용룡(용) 점점 눈동자정

가장 중요한 부분을 마무리 지어 일을 완벽하게 해낸다는 뜻이다. 용을 그리고 마지막으로 눈동자를 찍어 넣었더니, 그림이 살아나 진짜 용이 되어 하늘로 올라갔다는 이야기에서 유래한다.

비슷한 어휘

방점을 찍다 어떤 일의 가장 중요한 부분이나 핵심을 강조할 때, 마지막 결론을 내릴 때 사용하는 말이다.

18 대기만성

大 器 晚 成
큰대 그릇기 늦을만 이룰성

큰 그릇을 만드는 데는 시간이 오래 걸린다는 말이다. 물건도 사람도 크게 되려면 시간과 노력이 많이 필요하니 그만큼 늦게 이루어진다는 뜻이다.

 우린 아직 살~짝 부족하지만 열심히 노력하는 대기만성형 인재라고!

비슷한 고사성어

고진감래(苦盡甘來) 쓴 것이 다하

면 단 것이 온다는 뜻으로, 고생 끝에 낙이 온다는 의미이다.

19 타산지석

他 山 之 石
다를타 산산 어조사지 돌석

다른 산의 쓸모없는 거친 돌이라도 자기 산의 옥돌을 가는 데에 쓸모가 있다는 뜻이다. 남의 실수나 별것 아닌 말과 행동이 나의 성장에 도움이 될 수 있다는 말이다.

 순한맛을 타산지석으로 삼으면 배울 게 너무 많은데….

> 비슷한 **고사성어**
> **반면교사**(反面敎師) 나쁜 본보기나 잘못된 사례를 보고 자신을 바로잡는다는 뜻이다.

20 감언이설

甘 言 利 說
달감 말씀언 이로울이 말씀설

달콤한 말과 이로운 이야기라는 뜻으로, 듣기 좋은 말과 이로운 조건을 내세워 남을 꾀는 것을 말한다. 주로 듣기에는 좋지만, 속으로는 다른 꿍꿍이가 있거나 진실성이 없는 말을 할 때 쓴다.

ㄲㄲㅇ 남에게 드러내 보이지 아니하고 속으로만 어떤 일을 꾸며 우물쭈물하는 속셈.

> 비슷한 **고사성어**
> **교언영색**(巧言令色) 교묘한 말과 아첨하는 얼굴빛이라는 뜻으로, 남의 비위를 맞추기 위해 겉으로만 꾸미는 태도를 말한다.

ㅇㅊ 남의 환심을 사거나 잘 보이려고 알랑거림.

> **정답**
> 18p. 함락 / 공자
> 20p. 처지 / 경
> 21p. 작심삼일
> 22p. 꿍꿍이 / 아첨

톡톡 서양 고사 어휘 더하기

본책 144~183쪽

1 멘토

그리스·로마 신화에서 트로이 전쟁을 치르던 오디세우스 왕 대신 왕자를 잘 돌보고 가르친 '멘토르'라는 인물에서 유래된 말. 오늘날에는 풍부한 경험과 지식으로 지도나 조언을 하여 도움을 주는 사람을 가리키는 말로 쓰인다.

반대 어휘

멘티 멘토에게 지도나 조언을 구하고 도움을 받는 사람을 뜻한다.

2 아킬레스건

그리스·로마 신화에 나오는 불사신 같은 영웅, 아킬레우스의 유일한 약점인 발꿈치에서 유래된 말. 의학적으로는 발꿈치뼈에 붙은 굵고 강한 힘줄을 가리키며, 흔히 치명적 약점이라는 뜻으로 쓰인다.

'아킬레스'는 '아킬레우스'의 영어식 발음이야.

3 큐피드의 화살

그리스·로마 신화에 나오는 사랑의 신 큐피드가 가지고 다니던 활과 화살에서 유래된 말. 큐피드가 쏜 황금 화살에 맞으면, 처음 눈에 띄는 상대에게 반하게 된다고 알려져 있다.

사랑에 푹 빠진 상황을 '큐피드의 화살에 맞았다'라고 비유적으로 말하곤 해.

4 콜럼버스의 달걀

아메리카와 유럽을 잇는 신항로를 개척한 이탈리아의 탐험가 크리스토퍼 콜럼버스의 일화에서 비롯된 말. 자신을 비아냥거리는 사람들을 향해 달걀의 한쪽 끝을 깨뜨려 달걀을 세우면서 "누군가 이미 발견한 항로를 그대로 따라가는 것은 쉬운 일이지만, 그 항로를 처음 발견하는 것은 아무나 할 수 있는 일이 아닙니다."라고 말했던 것에서 유래되었다.

콜럼버스의 달걀을 알고 나면 쉽지만 아무도 생각하지 못했던 기발한 생각이나 행동을 말해.

ㄱ 척 새로운 영역이나 운명, 진로 따위를 처음으로 열어 나간다는 뜻.

항 ㄹ 배나 비행기가 지나다니는 길.

5 내 사전에 불가능은 없다

프랑스의 군인이자 황제의 자리에도 오른 나폴레옹이 군사들을 이끌고 험준한 알프스 산을 넘어 이탈리아로 진격하는 작전을 세우자, 이를 반대하는 부하들을 향해 '내 사전에 불가능은 없다'고 외치며 계획을 실행했다는 이야기가 전해짐.

 해 보기도 전에 불가능하다고 생각하지 말고, 나폴레옹처럼 뭐든 할 수 있다는 긍정적인 생각을 가지고 도전해 봐!

6 시간은 돈이다

미국의 정치가 벤자민 프랭클린이 자신이 쓴 책에서 했던 말. 시간을 낭비하는 것은 곧 손해를 보는 것과 같다는 뜻으로, 오늘날엔 성실하게 열심히 일하는 것의 중요함을 가리키는 말로 쓰인다.

 비슷한 말로 '시간은 금이다'라는 말도 있어!

시간과 관련된 속담

세월이 ㅇ 아무리 가슴 아프고 맺혔던 일도 시간이 흐르면 잊게 된다는 말.

도끼 자루 썩는 줄 모른다 재미있는 일에 정신이 팔려 시간 가는 줄 모르는 경우를 비유적으로 이르는 말.

7 뜨거운 감자

해결하기 어렵거나 논란이 많은 민감한 주제를 의미한다. 너무 뜨거운 감자를 손으로 잡고 있기 어려워 다른 사람에게 던지듯, 책임지지 않기 위해 떠넘기려는 문제를 뜻하기도 한다.

 서양에서는 감자가 서민들에게 익숙한 음식 재료였기에 이해하기 쉬운 표현이었을 거야.

 '뜨거운 감자'라는 표현은 신문이나 뉴스에서 자주 나오니 꼭 알아 둬.

8 악어의 눈물

악어가 사람을 잡아먹으며 슬퍼서 눈물을 흘린다는 이야기에서 유래된 말. 하지만 악어는 실제로 입을 크게 벌리면 눈물샘이 자극돼 저절로 눈물이 나오기 때문에 거짓 눈물인 셈이다. 따라서 겉과 속이 다른 거짓 눈물이나 슬픔, 위선된 행동을 가리켜 악어의 눈물이라고 한다.

> 비슷한 **고사성어**
>
> **표리부동(表裏不同)** 겉과 속이 다르다는 뜻이다. 겉으로는 그럴듯하게 행동하지만, 실제 마음이나 의도는 다른 경우를 나타낸다.

9 유레카

그리스의 학자 아르키메데스가 부력의 원리를 깨달았을 때 '유레카'라고 외친 데서 유래된 말. 오늘날 새로운 것을 발견하거나 무언가를 깨달았을 때 느끼는 놀라움이나 기쁨 등을 큰 소리로 외칠 때 쓴다.

 유레카! 편의점 팀을 무찌를 엄청난 방법이 생각났어!

 왠지 불안한데….

10 트로이 목마

그리스·로마 신화에서 트로이군이 그리스 병사가 숨어 있는 목마를 승리의 증표라 여겨 성안에 들어오게 한 탓에 전쟁에서 패배했다는 이야기에서 유래된 말. 오늘날 상대방을 안심시켜 감쪽같이 속이는 속임수나 책략을 뜻하는 말로 쓰인다.

목[ㅁ] 나무를 말 모양으로 깎아 만든 물건.

[ㅊ]략 어떤 일을 꾸미거나 이루고 만들어 나가는 교묘한 방법.

11 눈에는 눈, 이에는 이

고대 바빌로니아 제국의 함무라비 왕 시절의 법 조항에서 유래된 말. 누군가에게 공격을 받거나 피해를 입었다면 해를 가한 사람에게 그와 동일한 방식으로 되갚아 주는 것을 원칙으로 한다. 오늘날에는 당한 만큼 갚아 준다는 뜻의 관용적 표현으로 쓰인다.

> 비슷한 **속담**
>
> 가는 [ㅁ] 이 고와야 오는 [ㅁ] 이 곱다 다른 사람에게 말이나 행동을 좋게 해야 남도 자기를 좋게 대한

다는 뜻으로, 상대방에게 행동한 대로 돌려받는다는 의미이다.

12 미다스의 손

그리스·로마 신화에서 더 많은 황금을 가지고 싶었던 미다스 왕이 만지면 무엇이든 황금으로 만드는 손을 갖게 되어 기뻐하지만 사랑하는 딸을 황금으로 만들고 나서 후회했다는 이야기에서 유래된 말. 오늘날 하는 일마다 모두 성공시키는 능력을 가진 사람, 또는 지나친 욕심을 뜻하기도 한다.

 요즘 이와 비슷한 말로, 손재주가 뛰어난 사람을 '금손'이라고 부르기도 해.

비슷한 어휘
수완가[手腕家] 어떤 일을 처리하는 솜씨나 능력이 뛰어난 사람을 뜻한다.

13 마녀사냥

14세기부터 17세기에 유럽의 많은 나라와 교회들이 뜻을 같이하지 않는 사람들을 마녀로 몰아 화형에 처한 데에서 유래된 말. 오늘날 특정 사람에게 누명 씌우는 것을 비유적으로 가리키는 말로 쓰인다.

화|형 사람을 불살라 목숨을 빼앗는 형벌.

누|명 사실이 아닌 일로 억울하게 죄를 뒤집어쓰거나 이름이 더럽혀져 사람들의 입방아에 오르내리는 것.

14 판도라의 상자

그리스·로마 신화에서 제우스가 인간에게 벌을 내리기 위해 아름다운 여인 판도라와 함께 인간 세상에 내려보냈던 죄와 재앙이 가득 담긴 상자에서 유래된 말. 오늘날 알게 되면 위험한 비밀, 벌어지면 안 되는 위험하고 감당하기 어려운 문제나 상황을 가리키면서 동시에 희망의 여지가 남아 있는 상황을 표현할 때 쓰인다.

 얼마 전에 우연히 엄마의 일기장을 봐 버렸지 뭐야.

 야! 판도라의 상자를 열면 어떡해!

15 백기를 들다

오랜 옛날부터 전쟁 중 항복하거나 싸움을 멈추고 협상을 원할 때 흰색 천이나 흰색 깃발을 흔든 것에서 유래된 말. 더 이상 싸움을 멈추고 포기하거나 항복하겠다는 뜻으로 쓰인다.

보통 예술이나 경제, 정치 뉴스에서 한계를 넘은 도전이 실패했을 때 '이카로스의 날개처럼 추락했다'라고 묘사하곤 해.

비슷한 **관용어**

ㅁ ㄹ 을 꿇다 상대방에게 굴복하거나 항복함을 뜻한다.

두 ㅅ 을 들다 더 이상 견디지 못하고 항복하거나 포기함을 뜻한다.

18 아는 것이 힘이다

영국의 철학자 프랜시스 베이컨에게서 유래된 말로, 아는 것이 곧 힘이며 세상을 살아가는 데 도움이 된다는 뜻. 오늘날에는 다양한 분야의 지식을 쌓는 일이나, 교육과 정보의 중요성을 말할 때도 널리 쓰인다.

16 황금 알을 낳는 거위

이솝 우화 속 황금 알을 낳는 거위를 키우는 농부 이야기에서 유래된 말. 오늘날 계속해서 큰 이익을 가져다주는 상품이나 사업을 가리키는 표현으로 쓰인다.

순한맛이랑 삼각 김밥은 힘이 좀 약하네. 크큭.

이솝은 기원전 6세기경 그리스의 전설적인 이야기꾼이야. 이솝은 그리스어로 '아이소포스'라 읽어서 아이소포스 우화라고도 해.

반대 **속담**

모르면 ㅇ 이요 아는 게 ㅂ 아무 것도 모르면 차라리 마음이 편해서 좋지만, 무엇을 좀 알고 있으면 걱정거리가 많아 오히려 해롭다는 뜻.

17 이카로스의 날개

그리스·로마 신화에서 미궁에 갇힌 이카로스가 아버지가 만들어 준 날개로 태양 가까이 나는 바람에 날개가 녹아 바다로 추락한 이야기에서 유래된 말. 오늘날 위험을 무릅쓴 지나친 도전이나 끝없이 욕심을 부리는 상황에서 쓰인다.

19 다크호스

과거 영국 경마 경주에서 유래된 말로, 오늘날 일상이나 스포츠 경기, 정치, 연예 분야에서 알려지지 않았던 사람이 뛰어난 실력을 선보이거나 의외의 사람이 뜻밖의 결과를 가져올지 모른다는 뜻으로 쓰인다.

경[ㅁ] 정해진 거리를 말을 타고 달려 빠르기를 겨루는 경기, 또는 가장 빨리 달릴 것이라고 예상하는 말에 돈을 걸어 내기를 하는 오락.

20 로마는 하루아침에 이루어지지 않았다

프랑스 속담에서 유래되어 전 세계적으로 널리 쓰이는 표현으로, 위대한 결과는 짧은 기간에 이루어지는 것이 아니라 꾸준한 노력과 시간이 필요하다는 뜻으로 쓰인다.

내 살도 하루아침에 이루어지지 않은 거야. 꾸준히 먹었기 때문에 이루어진 것이지!

로마와 관련한 서양 고사 어휘
모든 길은 로마로 통한다 어느 곳에서든지 로마로 가는 길이 있다.

비슷한 속담
공든 [ㅌ]이 무너지랴 정성을 다해 쌓은 탑은 무너질 리 없다는 뜻으로, 힘을 다하고 정성을 다해 한 일은 결과가 헛되지 않다는 것을 이르는 말.

정답
24p. 개척 / 항로 / 세월이 약
25p. 목마 / 책략 / 가는 말이 고와야 오는 말이 곱다
26p. 화형 / 누명
27p. 무릎을 꿇다 / 두 손을 들다 / 모르면 약이요 아는 게 병
28p. 경마 / 공든 탑이 무너지랴